ホップ ステップ キャンプ

——地域で育む「生きる力」——

梶恵一

みらいパブリッシング

はじめに　子どもは国の宝——次世代を創る主役

今年2018年1月から始まったNHK大河ドラマ「西郷《せご》どん」。
第1話で当時10歳ぐらいの小吉（のちの隆盛）と生涯の師と仰ぐ薩摩藩の世継ぎ島津斉彬《なりあきら》の最初の出会いが描かれています。渡辺謙さん演ずる斉彬公は、西郷少年にこのような言葉をかけます。

『これからは武力ではなく、弱き者に親身になり、弱き者に尽くせる男が成功するんだよ』

西郷少年は、その時の教えを生涯の心の拠り所にします。

この第1話のサブタイトルであり、その後、西郷自身が幾度となく使うフレーズの一つ……それが**「子どもは国の宝」**です。

この国の未来を担い、将来の主役となる存在、子どもは確かに宝です。しかしながら、昨今の少子化に加えて、子どもを取り巻く環境はどうでしょうか？それら宝に対する私たち大人や親としての接し方や扱い方はどうでしょうか？

私はこの言葉の中に、理解されているようで理解されていない子どもたちの現状や子育ての本質、そして少年期において必要な教育や学習のあり方、社会環境をいま改めて正視してみましょう……というメッセージ性を感じました。

いつまでもあると思っているものや、少し前まで普通にあったもの、以前では当たり前と思っていたものが、今やなくなってしまっていたり消えかけたりしていることが多々あることに気づかされます。もちろん、時代の変化による改廃はあるでしょう。しかしその中には、時代は変わっても不変でありたいもの、変えてはいけないものもあるはずです。

「子どもは国の宝」は不変です。

それなのにどうでしょうか？　虐待など極端な例を含めて、私たち大人は宝に相応しい対応をしていると言えるでしょうか？

今あるものを大切にしながら、〝昭和時代の子ども〟であった私たちが、今の子どもにできること、国の宝に相応しい機会を用意し、環境を整えるような活動があること、その活動に私は熱い思いを寄せています。その活動に共感し、協力いただける大人の分母を少しずつでも増やしたいと思いました。分母が増えれば、今の子どもたちは本来の輝きをもとにもっともっと輝くはずです。次世代を創る主役に相応しい機会と環境は、わが子・わが孫だけでないわが国の**「子どもは国の宝」**を改めて心から実感でき、共有できる社会が実現できると思うのです。

最近あまり耳にしない言葉に「わんぱく」があります。これまで私が長年関わっている子ども会活動や小学生との接点を通じてつくづく感じること、それは「わんぱく」な子どもと出会えなくなったなぁ……です。そもそも外遊びをしていないのですから。

どうでしょう？　皆さんの子ども時代には「わんぱく」と称される同級生や上級生の存在や「わんぱく」的な遊びがありませんでしたか？　そして当時を思い返してみると、そのヒトやコトはあなた自身の人間形成上の学びとして、今日のあなたに少なからず影響を与えているのではないでしょうか？　そう問われて自分自身の「わんぱく」エピソードを、恥ずかしさと誇らしさが入り混じったような懐かしさとともに改めて蘇ってくる人も多いと思います。その中には今ならあり得ないようなゾッとするもの、思い出すと冷や汗ものの「わんぱく事件」も含まれたりしてね。そんな自分の少年期と今の子どもたちをダブらせて見てみます。

いまざっと周りの子どもを見渡してみますと、「わんぱく」が皆無とは思いませんが、素直でお行儀のよい子どもばかりです。みんな「良い子」です。もちろん悪いことではありません。「良い子」の輩出は、何よりもその保護者である親御さんがわが子に対して世間様に迷惑をかけぬよう外れたふるまいをさせぬよう、躾をしっかりビシッと行った努力の賜物でもありましょう。中には手がかかって仕方ないと嘆いたり、謙遜して何とかようやくこのレベルですと笑っておっしゃる方もいるかもしれません。

「良い子」について私は思います。親の躾にはもちろん異論はありません。しかし、躾の名の下にそれはある意味、親からの行動の限定、子ども自身がもつ子どもも本来の元気さやのびのびした闊達《かったつ》さの封印といった一面もあるのではないかな？　そして、その「良い子」はその後、何らかの反動をもたらすことになりやしないかな？　と……。のちに触れますが、幼児期には幼児期なりの、少年期には少年期なりの習得すべき成長の階段があります。振り子の最初の振れ幅と同じぐらいの「良い子」の反動が予測されるのです。例えば、親の前と世間との使い分けを早くから身につける、また思春期が大きな転機の一つですが、遅かれ早かれいずれ本来の自分と向き合うような時期を迎えた時の、自我との葛藤や反抗などです。

昨今の子どもたちの環境を見てみると、親の意向によって付き合うお友だちが限定され、制限された子ども社会の中で少年期を過ごす子どもが増えつつある世の中になっているようです。そういう子どもが成長し、社会にどんどん広まって、大人として世に出てゆく……。

もはや死語になりつつある「わんぱく」という言葉や「わんぱく」と称される子どもが生息しない世の中になることが、この先の社会や日本にとってどんな影響をもたらすのでしょうか？　改めて「子どもらしさ」とは何なのでしょうか？　また子ども時代に経験し、習得しておくべきことにはどんなものがあるでしょうか？　そして親の役割、学校の役割、地域の役割ってそれぞれ何なのでしょうか？

多くの親御さんは「子育て」に悩んでおられます。しかし、子どもを「育てる」という発想は、幼児期ならいざ知らず、少年期にそのままそれを踏襲してしまうのはいかがなものでしょう？　子どもは、しかるべき環境を与えてあげれば、自然と「育って」いきます。親や周りの大人たち、広くは社会のすべきことは、その「自然と……」という原理を念頭に、その環境を用意したり、整えてあげたりすることではないでしょうか。

では、どのような環境を用意すれば、子どもたちが本来もつ**生きる力**をもとにすくすくと自然と育っていくのでしょうか。その一つとして私が提唱するのが**「キャンプ」**なんです。

「キャンプ」には、子どもが人生を自ら切り開いていくための本来の**生きる力**を育む要素がぎゅっと凝縮されています。キャンプ経験から得た力は、語学やICT（情報通信技術）、生半可な資格、近未来にロボットに取って代わられてしまうような技能よりもずっと、現実社会を生き抜く上で役に立ちます。さらに突っ込んで言えば、キャンプ経験ほど社会の一員として生きてゆくのに必要なスキルを醸成し、その前に立ちはだかる就職や続くビジネス人生、そして家庭や社会の中で必要な基本的な土台を作るものはない！　他に類を見ない！　と私は断言するものです。

しかしいまの世の中、自然は減少していますし、気軽にアウトドアやキャンプができる場所は少なくなりました。都会では外遊びそのものが事故や危険の対象と見られ、キャンプファイヤーはおろか、線香花火ひとつでもクレームの対象になります。

そのような中で、私の推奨する**「キャンプ」**とやらを通じて、何を伝えたいのか？

本書は、キャンプの「入門書」的ではありますが、その技術や方法に触れるものではありません。**「子どもは国の宝」**を念頭に、ヒトをベースにしています。そして単なる理想論ではなく、私のこれまでの実体験と実践をベースにしています。

子をもつ親の皆さんに対しては、わが子の人生を豊かなものにするヒントであり、子や孫の有無に関わりなく全ての読者の皆さんの、自分自身の老後を豊かに過ごすためのヒントとしていただく「参考書」のつもりで執筆したものです。

・キャンプ経験は「生きる力」を育む
・キャンプを楽しむ経験から楽しませる側の経験がもたらす力
・現代社会とキャンプ経験者の具体的関わり事例
・キャンプ経験者が社会から求められる理由（就職に困らないわけ）

・私たち&地域が創る実現可能な明るい社会と未来

私はこれまで30年余年の間、東京の江東区中心に子ども会活動や地域活動に携わるジュニアリーダーという中高生や若者と関わっています。また、企業在職中には人材採用や社員研修など、能力開発担当としてほぼ同様の期間を企業組織における人事活動に従事してきました。人間が本来持つ無限の可能性や魅力を探求したがり屋の自称〝人間大好き人間〟なんです。

私はその公私両面での多くの人との出会いや活動経験から、キャンプを通じて「社会人基礎力」――分かりやすく言い換えれば、子ども時代から社会に出てゆく上での**「生きる力」**のベースが身についている若者は、就職に有利なだけでなく、100歳時代と言われる人生そのものを豊かに幸せに生きてゆく老後含めた自身のライフキャリア形成においても大いに有効である！　その基礎の力がやがて自らの社会的価値を感じながら人生を送る本当の力になってゆく！　と、確信するひとりです。そして、なぜキャンプ経験が、就職やビジネスの本番に、ひいては日常生活や人生形成において老後の充実にまで大きなプラス影響を及ぼすと言えるのか。それを本書の第1章以降で裏づけをもって詳しく述べてまいります。

「わんぱく」に話を戻すと、1970年代後半から放映されていた「丸大ハム」のCMをご存知でしょうか？　山小屋のたき火の横で厳格そうな父親がハムをむしるように切り、それを火にかけながら息子を眺めているシーン。そして低音のナレーション「わんぱくでもいい、たくましく育ってほしい」というやつです。

この親の願い「たくましく育ってほしい」と、文部科学省による学校の新学習指導要領「生きる力を育む」は同意語であり、昔も今も不変です。

変えてはいけないもの……**「子どもは国の宝」**を再確認し、その想いを共有し、実践するひとりになっていけたら……という本書のいよいよ本編のはじまりはじまり～。

第1章

子どもの「生きる力」を育むキャンプ活動

なぜキャンプが「社会人基礎力」を育むのか

私は、１９８８年から定年退職した２０１６年までの28年間、主に人事部門の専門職として人材採用に際し会社訪問してくる多くの学生と直接関わってきました。企業組織の窓口として気になるのは、**「社会人基礎力」**が大きく欠如している若者が年々増えていることです。**「社会人基礎力」**とは、経済産業省が産官学の三者の有識者でまとめたもので、総合的には、**〝職場や地域社会の中で多様な人々と共に仕事をしてゆくために必要な基礎的な能力〟**と定義されています。具体的にいうと、**前に踏み出す力（アクション）**、**考え抜く力（シンキング）**、**チームで働く力（チームワーク）**の３つに分類された力と、そこに含まれる12の能力要素が謳《うた》われています。

では、なぜ昨今の若者たちには「社会人基礎力」が身についていないのでしょうか。

その理由の一つは、子ども時代の「わんぱく」経験の欠如にあると思っています。辞書で調べたらこう書かれていました。

【わんぱく】……いたずら盛りで、大人の言うことを聞かない子どもを指す言葉

「いたずら盛り」というのは、好奇心や冒険心など、子どもの成長期における本来の持ち味であり、その積極的で元気な行動の現れです。以前よりずっと増えた印象の「良い子」に見られる「お行儀の良さ」というのは、子ども時代の子どもらしさが表出されていません。親の求める理想のわが子像を子どもながらに守る努力をしたもの、やってはいけないと親に言われたことに制御装置を働かせたもの……のように、ＴＰＯに合わせて器用にいい子ぶりを発揮して親から褒めてもらう、または叱られない術を身につけているかのようです。そんな子どもが大量生産されている環境……という見方もあるのではないでしょうか。

逆に、「わんぱく」を通じて身につけることができる力を挙げます。その最大のものが**「社会性」**です。これは、親の目や意向を飛び越えたずっと広いものですよね。

「社会性」は家庭というより、主には地域のいろいろな人の中で育まれます。年齢も経験も環境も……という意味のいろいろです。昔は、近所のお節介とも思われるオバサンやウルサ型のオジサンがいて、その目や口が「わんぱく」に対する制御機能だったり、時に「応援団」の機能を果たしていました。でも、時代の変化や「わんぱく」の減少とともに、そんな大人も出番がなくなり、絶滅危惧《きぐ》種に近くなってしまいました。だって、外で徒党を組んで遊ぶ子どもがいないのですから。

そんな昨今でも「わんぱく」を育て、「わんぱく」的な経験を通じて「社会性」を身につけ

させる手段が、実はしっかり残っています。つまり、子ども時代から「社会性」を育むことのできる環境、イコール「社会人基礎力」を育むことのできるものです。

それがズバリ本書のテーマにある**「キャンプ」**なんですね。

では、なぜキャンプは子どもたちの「社会人基礎力」を養えると言えるのか。その理由はキャンプ活動を通じて、子どもや少年期に「わんぱく」に相当する機会と環境を与えてくれるからです。それは、すなわち子どもたちの「生きる力」に直結するもので、家庭だけではなかなか作り難い以下の**「3つのつながり」**を子どもに持たせる機会と環境になります。

①自然とのつながり

まず、分かりやすいのは「自然とのつながり」です。

キャンプでは何よりも自然と親しむことができますね。都会暮らし、またゲームやテレビなど室内での遊びが多くなっている昨今の子どもたちに、自然に触れたり屋外で遊んだりすることでの新しい発見を、五感を通じて促すことができます。これがキャンプ最大の魅力といえるでしょう。

日常とは異なる環境の中で、山・川・海・緑・虫・鳥・太陽・星・月・雨・風・火といった題材を通じて自然とつながる……、つまり自然のもつ美しさ、面白さ、不思議、ありがたさ、そして厳しさ、怖さをも体感することができます。

キャンプは単なる観光と違って、自然を楽しむだけでは終わりません。自然の中で生活をするのは、日常生活がベースになっている私たちにとっては結構大変な苦労と動きが伴います。何せ「ないない尽くし」の環境で自分たちの生活を原点から作ってゆく訳ですから。居住空間であり寝るためのテントを組み立てるのも初めてのこと、あっちを持って、こっちを持って……などと時間と手間がかかります。食事も限られた道具と食材で自分たちで調理します。

包丁やナタ、飯盒《はんごう》、それに火の扱い方も知らない子は多いでしょう。そもそも家では火を扱ってはいけないと親から禁止され、学校でも火を扱うのは理科で少々あるくらいです。

したがって今どきの子どもはマッチが擦れません。そもそもマッチ自体が珍しい世の中です。指先の棒に燃える火を持つなんてのは危険極まりない。ナイフ・包丁も然りです。包丁＝危険という道具なのですから。触ったらダメと言われ続けた代物《しろもの》です。

しかしながら、キャンプは、自然の中での生活、生きる活動に必要な基本的な作業や、不便な環境ゆえに今まで封印されてきたことにチャレンジできる場となります。もちろん管理監督者の下でです。また、チャレンジして失敗したり、油断によって実際の痛みを身をもって体験することも、その後の危険度合いが測れるようになったり危険予知する本能を研ぎ澄ましたりする訓練になりますね。自然との関わりは、子どもに日ごろ特に感じていなかった電気や文明のありがたさ、親への感謝や改めて尊敬の念といったものを教えてくれます。

またキャンプでは、食材そのものを直接採集し、それを調理し、食べることもあります。その経験を通じて、普段食べている肉や魚、野菜といった食材は「お金を出せば買える」単なる材料ではなく、自然の中で命をもって生きている存在だということを実感できるでしょう。スーパーには一年中いろいろな食材が置いてあります。キャンプのプログラムにもよりますが、自然の中で野菜など食材を調達する行為を通じて、その食べ物の「旬」を知り、ひいては四季の存在を実感できるでしょう。事実、キャンプの定番カレーライスづくりで野菜を切る作業のときに初めて、ジャガイモには芽があることを知る子どもが大勢います。

キャンプ体験は、このように自然とのつながりを通じての発見と刺激に満ち溢《あふ》れています。そのすべてが、「生きる」ことの原点ですから、それを子どもたちに体験によって学習させる貴重な機会になります。

②人とのつながり

次に、「人とのつながり」です。

キャンプは団体行動が基本です。少子化と核家族化が進む現代では、家庭では複数の大人に対して子どもの数が圧倒的に少ないのが現状です。兄弟姉妹が少ないと分散しない分、子どもにとって目をかけられ守られる環境が整っています。もちろん大人が子どもの幸せを願って大切にすることに非を唱えるわけではありません。子どものやりたいことをやりたいようにやらせる、やりたくないと言われたことには目をつぶる……的な線引きを各家庭でどこまで行っているかは分かりませんが、キャンプという共同生活の場では、子どもにもそれぞれの役割と責任が与えられます。

「眠い」「疲れた」「面倒くさい」などと思ったとしても、役割分担を果たさない子がいれば生活そのものに支障が出てみんなが困ってしまいます。ですから、家庭では通用していたやりたくない思いや行動をここでは改めないといけないという自覚のもと、否応なしに他人と協力し、自分の果たさなければならない責任をキャンプの場では全うすることになるのです。

家族間で行ういわゆるファミリーキャンプと、本書でこの後に紹介する地域の子ども会等で行く少年キャンプとの大きな違いはこの点です。家族以外のわがままの効かない人間関係の中で共同生活を行う体験は、これまた貴重な学習機会です。

地域での少年キャンプでは、出発してから現地までの行程から班行動が求められます。バスで移動する場合は、車内のレクリエーション、いわゆるバスレクというみんなで盛り上がるような演出を通じて、バスの中が一体感で包まれます。その過程で、新しい友達ともより仲良くなれるでしょう。班は、時にあえて違う学校の子や、時には学年も違う子どもたちとで編成します。もちろん最初は緊張しますが、一緒に行動し、役割分担の協同作業の連続によって自然と打ち解け、仲良くなっていくものです。なにせキャンプが始まると同じ班の仲間たちとコミュニケーションをとりながら、協力し、励ましあい、相手のことを気づかったりしながら、みんなで作った同じものを食べて、同じテントに寝るのですから。さらに、ハイキングやキャンプファイヤーなどは、その楽しさをみんなで一層共有できるプログラムです。

またキャンプでは、少し年上のジュニアリーダーのお兄さん・お姉さんの存在が何と言っても大きいです。引率の大人たちも大勢います。ほとんどがキャンプで初対面になる人たちであることも子どもたちにはプラスになるはずです。キャンプでの生活やいろいろなプログラムを通じて、これまで出会ったことがないような様々な年齢の人たちとの直接的・間接的な交わりと、新しい人間関係を育む機会になるのですから。知っているオジサンや見たことのあるオバサンが増えるのは子どものみならず大人双方にとってマイナス要因はありませんね。

自然の中で、ルールを守り団体行動をしながら、自分に任された役割を果たそうとすることで責任感も生まれます。時には、チャレンジに対する失敗もあるでしょう。それら困難を乗り越えて一つのことをやり遂げたり時にいいところを周りに見せられた快感などを参加者同士で共有できること……そんな経験が単純に楽しかったり、仲間意識から真の友情というものを育むきっかけになったり、それが日常生活への自信につながってゆきます。

③自分とのつながり

最後に、「自分とのつながり」です。

キャンプで得られる3つの中でも、この「自分とのつながり」ほど貴重な経験はないと思います。キャンプ場を離れたあとでも常にずっと本人について回るからです。キャンプという非日常空間に身を置くことが、いかに子どもにとって有効であり、また子どもが本来持っていた力を引き出すことにつながるか？

キャンプでは親もいない、ゲームもテレビもない、食事も寝床も自分で作らなければならない、お金は使えない、買えない……といった「ないない尽くし」の環境です。その中で、あるものを大切にして、あるものの中で何とかする、そしてないものは工夫して作る……。サバイバルするためには、「これまでの当たり前」と「これまでの自分」とは違う、新しい自分に生まれ変わらなければならないことを知ります。「ない」と言えば出てくる、頼めばやってくれる世界ではない環境に置かれていることを実感するのです。例えば、箸《はし》がなければ木の枝でなんとかする……といった知恵をしぼる機会になります。この、何とかするために自分で考え、みんなで知恵をしぼる経験は、これまでの教育の中での知識を増やす、正しい答えを見つけ出すものとは全く別の力を育むことになります。

自然の中、これまでの当たり前が通用しない中、困ったことが起こっている環境の中では、誰に言われることなく子どもたち自らが「自分にできること」「自分が得意なこと」を見つけてゆくことになります。様々な工夫や知恵の中で、やがて、自分では気づかなかったけど意外にうまくやれること、そして、そのことが周りから喜ばれたり、一目置かれる高評価をもらったりします。実は、これこそ、自分ならではの持ち味の発見であり、自分の専門性に気づくきっかけになるのです。つまり、みんなと同じであることが大切であるという価値から、さらにそれ以上に、周りと違うことに喜びや価値を見出す場でもあるわけです。

キャンプでの学びは日常生活に直結するものです。周りのお友だちよりもうまくできるものを発見したら、自分の家でも帰ってから披露したくなるのは自然な流れですよね。逆に「上手にできないこと」も同様です。周りのお友だちができているのにできない自分に気がつきます。ちょっと悔しい気持ちが湧き起こったら、できるようになりたい気持ちが生まれます。できると思ってもできない自分を知り、そして何度もチャレンジします。さらに「自分より他のお友だちが上手にできること」を通じて、人そのものに関心をもつことになります。その延長で「賞賛」や「信頼」といったものを学んだりするのです。

自分とのつながりによって、少し難しい言葉ですが、高い**「セルフエスティーム」**を獲得できます。日本語に直訳しづらいですが、自分に対してポジティブなイメージをもつ、自分を卑下しないプラス思考をもつ……という意味です。3つあって、**自分を大切に思う気持ち（自己重要感）、自分を好きな気持ち（自己好感）、自分ならできるといった自信のもとになる気持ち（自己肯定感・自己有能感）**のことです。これが高い人は、積極的で自分のことだけでなく周りの人も大切にすることができると言われています。

どうでしょう？　キャンプ体験というのは、こんな良いことずくめなんですよ。**「3つのつながり」**を通じてわずか1回、2泊3日でも、子どもにとって劇的な成長の機会となるのです。

最初は、おとなしくて受け身だったような子ども、うつむきかげんだった子どもが、キャンプ中にニコニコの明るい顔で見違えるように主体的で積極的に変わった例を私は何人も目にしてきました。

「社会人基礎力」を構成する12の要素

安楽・快適からはほど遠いキャンプ活動ですが、この中にこそ、家庭において親御さんや家族が伝えづらいもの、授業や学校行事を通じて先生方がなかなか伝えられない、学校とはまた違う学びの機会や力を育む可能性は確かにあるかも……。そう感じていただけたら、「キャンプって一度どんなものか試しに行ってみたら？」とこれから促《うなが》してほしいのです。

これまで、子どもがイヤというものは避けてきた、やらせない、また無理強いは本意ではない……そう思っていた親御さんもいらっしゃるかもしれませんが、本人の持つ可能性を広げ、潜在能力を引き出す一つの大きなきっかけになること請け合いです。

「楽しいよ～　とにかく行ってきなさい！」

仮に拒否されたとしても「騙《だま》されたと思って一度経験してらっしゃい！」と言っていただけると嬉しいです。

非日常体験の一つ、キャンプ活動には**「社会人基礎力」**を養うエッセンスがどれほど含まれているかについてここで具体例をもとに紹介したいと思います。

「社会人基礎力」の３つの能力と、細分化された12の能力要素がそこにはしっかりと含まれています。

社会人基礎力	前に踏み出す力（アクション）	主体性
		働きかけ力
		実行力
	考え抜く力（シンキング）	課題発見力
		計画力
		創造力
	チームで働く力（チームワーク）	発信力
		傾聴力
		柔軟性
		情報把握力
		規律性
		ストレスコントロール力

①「前に踏み出す力」アクション
～一歩前に踏み出し、失敗しても粘り強く取り組む力～

初めて参加した小学４年生のヒロ君は、どちらかというとおとなしいタイプ。お昼はお母さんのお弁当をキャンプ場入口の広場で班ごとに輪になって食べました。その時何かと話しかけてくれる班付きリーダーのお姉さんのおかげで、自分のことを話したり同じ班の子の話を聞いたりしているうちに、行きのバスの時よりもずっと緊張が減ってちょっと打ち解けた感じになれました。

その後、キャンプサイトでのテント張りもどうにかできて、いよいよ15時から夕飯づくり。野外炊飯の初挑戦メニューはカレーライス、玉子スープに野菜の浅漬けです。

まずリーダーのお兄さんから器材の説明と料理する手順を教わります。そして班の中で、カレー係は野菜を洗って切るところから、ごはん係は班の人数分のお米をもらって２つの飯盒《はんごう》に入れて研ぐところから、そして、かまど係は薪《まき》をもらって組むところからと、それぞれの役割分担を決めることになりました。カレー係はおかず全般を担当します。

一番人気なのはかまど係です。周りにつられて、ヒロ君も手を挙げました。ジャンケンで勝ったので、希望通りにかまど係を担う２人のうちの１人になりました。

火は危ないもの、ヤケドは怖いもの……。そんなことは分かっています。リーダーのお兄さんが火の扱い方の注意と、かまどで火を作る方法とコツを教えてくれました。

「かまど係は暑くても長袖長ズボン、チュルチュルカサカサの服は着ない。そして軍手をするんだよ。さて、火が燃えるのに必要なものは3つあるんだ。何でしょう？　はい、熱と燃やすものと空気です。そして、火はこの3つを絶やさないようにしながら育てるものなんだよ。かまどの中で小さい火から少しずつ大きく、まさに育てるように燃やしてゆきます。具体的には、マッチの火から新聞紙、それから細い枝、お弁当の後の割り箸も使えるね。火が燃えているうちに少しずつ細い薪から太いのをくべていって、太いのに火がついたらもう大丈夫。かまどの火は安定してしばらく燃え続けます」

かまどの前で薪組みのサンプルを見せてもらい、準備ＯＫ。ところが、マッチで火をつけたことがないヒロ君。まず擦るところから一苦労です。軍手をしていても指先でボーッと燃えるのが怖い……。シュッと擦ることができず、何本もマッチをポキポキと折ってしまいます。なるべく薬のついた頭に近いところを持つように促されたため、擦って火がついてもビビッてつい手を放してしまう。もう一人のジャンケン勝ち組のコンビであるマー君と交代しましたが、どっちもどっちです。そんなことを何度か繰り返し、ようやく新聞紙に火がつきました。さて今度はなかなかそれが薪に燃え移りません。マッチを克服して新聞紙が燃えても、いたずらに新聞紙だけが燃えて、細い木に燃え移らないのです。希望通り、かまど係になったものの説明を半分しか聞いていないこともあって、２人は早く薪を燃やすことばかり考えており、育てるのを忘れていました。で、リーダーがアドバイスします。

「サンプルを見てごらん。割り箸とか細い木は斜めに立てかけて空気が入るようにしているんだよ。その前に、もらった薪をまず細い順に選んで横に並べてみようか。先に準備して、細い木から順番に燃やしていくと火が育ってゆくよ。でもチョット待った。飯盒とカレーの鍋の準備がどこまで進んでいるかも確認してね」

早く火を燃やしたいヒロ君とマー君、とにかくすぐにやってみたい。鍋が待ちきれず火をつけると、今度はメラメラ燃えてきて火の調子が出てきました。燃えるのが楽しくなった２人はどんどん薪をくべていきます。火が強くなったのはいいですが、手元の薪がどんどんなくなっていきます。そしてヒロ君はマー君に頼みます。

「薪が足りなくなっちゃったから、本部に行って薪をもらってきてくれない？　僕は火を見ているから」

このキャンプで初めて会った２人ですが、だんだん連携がとれてきます。「わかった！」と、マー君がすぐに本部に行って薪のおかわりをとってきてくれました。

玉子スープ用の鍋のお湯が沸きかけた頃、ごはん係が研いだお米を飯盒に入れて持ってきました。カレー係は野菜を切るのに手間どっているようで、もう少し時間がかかりそうです。そして、また薪がなくなった、と本部までとりに行く。最初の経験とはいえ、まぁジャガイモに火が通り、カレーが完成するまで薪を燃やすこと燃やすこと……。育成者と呼ばれるバックアップの大人が急きょ追加の薪割りをすることになったほどです。

◆主体性……物事に進んで取り組む力

ここでかまど係を務めたヒロ君の一連の行動と「主体性」について考えてみたいと思います。まず、やりたい！　と手を挙げましたので、「自主性」はあったように見受けられますが「主体性」については疑問です。火を扱っているうちに「主体性」も少しずつ芽生えてきた……というのが私の見解です。

さて、この「自主性」と「主体性」、その違いをご存知でしょうか？　両者は似て非なる言葉なのです。辞書によるとこう出ています。

・自主（的）
……「他からの干渉などを受けないで、自分で決定して事を行うさま」（『広辞苑』第六版）、「当然なすべきことを、他から指図されたり他の力を借りたりせずに、自分から進んでやろうとする様子」（『新明解国語辞典』第七版）

・主体（的）
……「他のものによって導かれるのでなく、自己の純粋な立場において行うさま」（『広辞苑』第六版）、「自分自身の意志や判断に基づいて行動を決定する様子」（『新明解国語辞典』第七版）

ん～、これらを読み比べてもいまひとつ違いがわかりづらい……。ネット検索すると関連情報がいっぱい出てきました。明確になった最も大きな違いは、自主性とは「やるべきことに対して自ら率先して身体を動かす」という始動のことであり、主体性は「何をやるべきか決まっていない状況であっても自らの意志で目的を明確にして行動し、その先にある結果まで自分の役割と考える」という、最後までの責任と覚悟をも伴うものであるという解釈に至りました。

先のヒロ君の行動を振り返ると、係を決めるときに一種のノリや単なるやりたがりであったとしても、日頃おとなしめという印象のヒロ君が自ら手を挙げたことは「自主性」が見られたと言えるでしょう。しかし、自ら手を挙げて率先して行動したものの、その行動のさらなる先の、みんなで食べるご飯やカレーの完成についてまで考えが及んでいなかったと思われます。火をつける、薪を燃やすことに関心があったものの、夕飯作りに欠かせない班のかまど係として、火の責任を自分が担うという認識は薄かったと思われます。担った役割に対して班全体の動きやつながりを考えた上で火を扱いなさい……といくら言葉で伝えても本人にはピンと来ないものです。しかしながら何とかしようと行動し、その中の失敗や苦労のプロセスこそ「主体性」を育むのに有効なのです。

そもそも火をつけたことがないのですから、やってみる前に相棒のマー君と事前にそのあたりを確認・共有し、リーダーに声を掛けてマッチや薪の扱いの再確認や教えを乞うてもよかったかな？　と思えます。その中でさらに同じ班の別の係の進行状況までも気にしながら火のタイミングを計るのは、なかなかのハードルの高さです。目の前のことに精一杯で、やっとできても今度は早く燃やしすぎて、かなりの薪をムダにしてしまうという失敗。自分の行動や役割がチーム全体の結果に影響する、その責任を負うといった考え・姿勢に至る「主体性」の実感を失敗から学ぶことになったのです。

学校教育などでは、まず「自主性」が重んじられる傾向にあります。お掃除にしても、グループの中の活動に対して率先して動くことは通知表にも「積極的」と高く評価されます。しかし、グループの中で自分の行動に対して責任を担うという意識を持った「主体性」が試される場は少ないです。そこには、「主体性」という概念を理解したうえで、一人一人の言動を興味深く観察する親や教師以外の大人やリーダーの存在が必要。そして、その大人やリーダーの目と願いと相まって、少しずつ育まれてゆくものだと私は考えます。

キャンプ活動は、グループワークの中でここに挙げた例のように「自主性」と「主体性」が試される場の宝庫です。そして、よい行動は喜ばれ褒められ、逆の行動については失敗などの結果をもとに考えさせ、自己反省させられる機会が与えられます。人に注意されて反省するものとは性質が異なります。自省の繰り返しです。そうすることによって、やりっぱなしや結果オーライではなく、不具合な状況や結果をもたらすたびに、「次からは先を見越してこうしたほうがいいな」「ここは人に聞いて確認をしておいたほうがいいな」といった考えに及ぶようになるのです。そういう良いクセが身につきます。

これは、人から言われたことを守るレベルから、自分で考えて行動できるレベルに、というまさに「主体性」が自分の経験をベースに育まれるメカニズムです。普段暮らしている街中での日常生活ではない自然の中で、住むところも食べるものもメンバー同士で協力して作ってゆく環境に身をおいた実体験、黙っていても誰かが与えてくれるわけではないという環境と実体験あってこそ、少しずつ育まれる力の一つです。

「私はここまでやりました。あとはみんなに任せます」だけでは、何かどこか違う……といった感覚。そして、自分以外のみんなの協力があったからできたのだな、と素直に思える心や達成感、嬉しさ喜びの分かち合いの感覚を得ることができます。

ヒロ君はかまど係という責任を受け持ち、うまくいかないことが次々と身の上に起こったことで、いままで知らなかったこと、難しいと実感したこと、簡単にできないという事実に直面しました。言われたことを思い出しながら、とにかく何とかするための方法を自分の頭やマー君と一緒に考えたり、リーダーに教えてもらったりしながら、一つ一つやってみる環境と機会を得て、その実体験をしました。何でもやってもらえた過去から、キャンプによる新しい環境と体験を通じて「主体性」という感覚を10歳から知らず知らず身につけるきっかけを持てたのです。

◆働きかけ力……他人に働きかけ巻き込む力

さて、料理完成までに薪が足りなそうと気づいたヒロ君は、マー君に頼んで薪をもらってきてもらいます。違う学校の2人はこのキャンプで初めて会った間柄ですが、かまど係の相棒としてしっかり自分の意思を伝えて、協力してもらうことができました。

「主体性」が芽生え始めていたヒロ君は、まだ知り合って間もないマー君に対して「働きかけ力」を発揮したことによって、一緒にかまど係を務めることができました。

最初にヒロ君が働きかけたのは、「本部から薪をとってきてほしい」というシンプルな依頼でした。次に「今度は僕が薪をもらってくるから、火を見ていて」というこれも単純な依頼です。ここでヒロ君がよかったのは2点あります。

自分ばかりかまどに張りついているのではなく、マー君と役割を交代するという気遣いをしたこと。そして、単なる行動の依頼にとどまらずそこに一言、「カレーの準備ができるまでは時間がかかりそうだから、まだ火が必要」という理由も添え、一緒に担当していることを表現したことです。しかも、ただ「火を見ていて」と言うのではなく、「火が大きくなりすぎないように見ていて」と、注意すべき点を具体的に指示しています。

他人と一緒に何かに取り組む際、やるべきことを一方的に指示されただけでは、指示されたほうも時にはムッとしたりトラブルにつながる状況を生み出したりします。なぜならそれは単なる行動の指示にすぎないからです。お母さんに「赤ちゃんを見てて」と言われて、ひたすら素直に自分の小さな弟をじ～っと観察していて、戻ってきたお母さんに報告します。「ここにあったボタンを口に入れてたよ」なんてことにもなりかねません。

また、行動を規定されてしまうと状況が変化したときに対応ができません。言われたことを守るのが第一になってしまうからです。そうならないためには、行動を指示するだけではなく、「何のためにその行動をするのか」という理由や目的を明確に伝え、共通認識を持つことが大切です。

「働きかけ力」とは、目的を達成するために他のメンバーに快く引き受けてもらえるよう、そして周囲の協力をうまく得て、物事を進めるために必要な能力です。

受験勉強や学業は自分一人の努力でなんとかなるかもしれませんが、社会人としてビジネスの世界に入ると、仕事は一人ではできないことにすぐ気がつきます。同僚や社外の協力者、取引先など、それぞれの置かれた立場や利害関係を理解しながら、協力して進めなければいけません。自分一人ではできないこと、自分の持ち味とは違う人と関わり、一緒に動き、相乗効果を生み出してゆく経験や楽しさを、子どもの頃から積み上げていく……そういった場数が多ければ多いほど将来のプラスになることは言うまでもありません。

核家族化と少子化が急速に進んでいる現代だからこそ、なおさらそういった環境を意識的に作る必要があるのです。子どもには一人部屋が与えられ、加えてテレビやゲーム、そしてある年代になったら携帯・スマホを日常的に使用します。個人商店がどんどん消えてゆく都市化の進む中では、スーパーやコンビニでの買い物が当たり前となり、黙って商品と代金を差し出せば会計がスムーズに完了し、会話なしでもコト足りるのです。つまり、意識しなければ人と直接の会話や関わりを持つことなく毎日を過ごせることに慣れきってしまい、実社会の中でフェイス・トゥー・フェイスでコミュニケーションをとる機会、相手の感情や心情を理解したり察したりする経験を失っているのです。

その結果、人に声を掛けづらい、物事を頼みづらいので自分で何でもやろうとします。聞けないからスマホで調べる、自分で何でもやらなければならない、というのが染みついてしまいます。つまり「働きかけ力」は「頼み上手の力」でもあり、それが発揮されない、育たない、磨かれないままになってしまう可能性大なのです。

社会人基礎力の「チームで働く力」にも共通しますが、現代の若者に圧倒的に不足している「働きかけ力」、そして「他人と協力して一つのことをやり遂げる」という喜び・面白さをキャンプ活動では10歳ぐらいから体験し、年々積み上げることができるのです。

◆実行力……目的を設定し確実に行動する力

キャンプでは全体の中で、また各プログラム中においても誰もが何らかの役割を与えられます。班長ほか保健係や生活係といった具合です。内心では「面倒くさいな」と思っても、何かを受け持ってやらざるを得ない、責任者になる状況に置かれるのです。

また先のヒロ君のように、自分で希望して就いた役割でも、思い通りに進まなかったりすると、周りから急かされたり文句を言われて余計に焦ったり落ち込んだりもします。

キャンプファイヤーなどでは全員の前でスタンツといって、みんなでストーリーや配役を考えた寸劇の出し物を披露することがあります。内容がちゃんとまとまらないうちに出番が来てとにかく人前に出て何かを演じざるを得なくなるといった状況に直面したりするのです。前に出て仕方なく準備不足そのままに出し物をやってみせるけれど、結局しどろもどろのやけのヤンパチ、恥ずかしい思いをしたり、後から「あの時こうすればよかった」と自省することになります。

リーダーともなると人前に出る場数が急増します。そのときのノリや雰囲気……、名前の連呼と手拍子が始まって、全く想定外であっても舞台に上がらされたりもします。

いきなり指名されても、リーダーは手を挙げて堂々と、しかもにこやかな表情で舞台に足を運びます。でも当人は何やろう、と頭をぐるぐる回転させています。とにかく人前に出る。で、とにかく何かやる。その結果、大きくスベることもありますが、みんなのノリを尊重しながら何らかの出し物を披露して次のプログラムまでの空き時間をつないでみせる！　なんて芸当をほとんどのリーダーは普通にやってのけます。

総じて、キャンプでは「できない」「どうしよう」と言ってはいられない状況がやたら多いです。それは何を意味するかというと、「やらなければ」という思いから瞬時に「なんとかしよう」に気持ちを切り替え、そして「よし！　やってやる」の前向きな行動を起こす機会に恵まれているということです。その前向きさの場数を多く経験し、それが習慣化されたら……。24ページのセルフエスティームの高い人たちばかりの集団になったら社会はどう変わるでしょう？

今の若者の多くは、できることしかやろうとしない、できることでもやろうとしない、恥をかきたくない……。その結果、みんなの前で、「無理無理無理……」と拒否したり、「何も考えてなかったので……」とか「急に言われたので……」とモジモジしたりシドロモドロです。

できない理由を探して自分を正当化するような言い訳に長けた〝拒否組〟〝不実行組〟がやたら目につくのです。キャンプ経験は、そんな若者や大人が増える世の中に歯止めをかけます。

日常生活の中で「実行力」のある人たちばかりに囲まれたり、そこまではいかなくても、そういう若者を一つのモデルとして見たり接したり付き合ったりした体験があるとないでは大違いです。腹をくくって前に出て「とにかくやる！」という習慣を持つ日本の若者をキャンプを通じて絶滅危惧から救うこと、そしてそういう若者を大切に保護しながら改めて子どもたちに良い影響を与えながら数多く増やすこと。少なくともキャンプではそんなリーダーや若者とたくさん出会い接することができます。そういう出会いやシーンの持つ影響によって「実行力」をもつ子どもをどんどん増やせます。

特に現代は激変する時代です。変化のスピードが速く、過去の「成功モデル」がそのまま今の子どもたちの将来の成功に結びつくかわからない時代です。それどころか今の子どもたちが大学を卒業する頃は、今存在する仕事の６割がなくなり、今まだ存在していない職業に取って代わるとさえ言われています。

そういった時代の中で、誰かの指示を待っている人間にチャンスはやってきません。未来は不透明ですから、明確な正解がない中で仕事をするようになるのが今の子どもたちです。だからこそ、正解がわからない自然環境の中で「まずやってみる」実行力を養えるキャンプ活動が社会人基礎力を養うには最適なのです。

ただ、実行力といっても、やみくもに突き進むわけではありません。

目的――つまり目指す「的」を、途中にあるポイントごとの小さな「標《しるべ》（＝目標）」に分解した上で、必要な行動をとって一つ一つクリアしていくことです。小さな目標達成の積み重ね……つまり、ここまできたら次のポイント……と、標をもとに次々に成功体験を積み重ねてゆくことは本人の揺るぎない自信になります。それが次のポイントへと向かうモチベーションにもつながって結果として目的に到達することになってゆきます。

目的を達成するためには、挫けそうになっても諦めない粘り強さが必要です。その粘り強さの基となるもの、それは自分本位の喜びだけを考えたものでは決してありません。「この先にある自分の周りの笑顔」や「その実現によってみんなで喜びが共有できる」というイメージを持つことです。カレーライスをみんなで「美味しいね。美味しいね」とテーブルを囲んで食べているイメージによって、自分の役割の意味と揺るぎない責任をベースにもつことができます。それだからこそ粘り強さが生まれるのです。

キャンプは、自然にそういう機会が設定された環境です。それまでは、できなかったら親や誰かがやってくれました。または、できなくても「無理しないで、できるところまでやったらいいんだよ」と教師や親に言われてきたとしましょう。可能性として、途中で力を抜いてしまう子どもや、自分のできる限界を低めに設定してできなさそうなことは初めからやらないといった子どもが増えてしまいます。ですが、キャンプは、やったことのないことでも、最後までやり抜かなければ、自分だけでなく班のみんなが困ってしまいます。

さらに良いのは、親や教師の目が届かない場である、ということです。いつもの自分とは違う姿を初めてのメンバーに見せられる場であり、新しい自分を堂々と見せても構わない場でもあるのです。これはすなわち過去の自分に対して周りから貼られたレッテルをリセットして、チャレンジした自分を表現できる場、殻を破れる場ということです。やったことのないことを初めてやってみる、初めからうまくいかなくてもそれが当たり前といったことを年齢や経験が同じようなレベルの友だちと一緒に始められます。

　ましてや周りより上手にできるコトもそこで発見できます。テントづくりが初めてでうまくできなくても、みんなでとにかく最後までやり抜かなければ夜寝る場所がありません。料理をしたことがない、または火を扱ったことがなくても、みんなでカレーライスをつくらなければご飯にありつけないという環境を与えられる……。それがキャンプです。

　マッチを何本も折る、つけても火がすぐ消える、火が大きくならない、薪が足りなくなる……、「もうイヤだ、やりたくない」「まぁいいか」「パパママやって〜」と言えない環境です。「いまここで、目の前の課題をやり抜かなければ、自分だけでなくみんなが困る」という責任感が、目的達成まで諦めない粘り強さへとつながるのです。

◎「考え抜く力」シンキング
〜疑問を持ち考え抜く力〜

さて今度は、「考え抜く力」の例として、キャンプにおける別の場面をとりあげてみます。

同じく地域の少年キャンプに参加した小学４年生のよっちゃん。２日目の午前中は追跡ハイキングです。服装は長袖長ズボン、そして帽子。さらには〝５点セット〟と呼ばれる常時持ち歩くナップサックの中に入れておく持ち物……水筒、タオル、軍手、キャンプのしおり、筆記用具の５点です。それに加えて、雨用のカッパと替えのＴシャツを入れるようにとの指示がありました。テントで持ち物確認をします。準備ＯＫ！

キャンプ広場へ約束の５分前集合、そして班長さんが班付きリーダーに報告を。全体説明の後、前の班から時間差で自分たちの班もキャンプ広場をスタートしました。追跡ハイキングは、コース途中、ところどころ木などに括《くく》りつけられてある青色の荷物をしばるビニール紐《ひも》を目印に辿《たど》りゴールを目指すハイキングです。

よっちゃんは、普段はあまり運動をすることがなく、学校が終わったら塾に行くのと、遊ぶといったら携帯ゲームやタブレット端末、あとテレビといった具合です。今回のキャンプもあまり乗り気ではなく、親に申し込まれて半分仕方なく来たのでした。

さてスタート、みんなでワイワイ言いながらハイテンションで歩き出したものの、山の細い道に入ってから長い階段が続きます。息は上がってくるし周りの景色は片方が急斜面であとは木や草がぼうぼうと生えているだけ……。面白くもなんともありません。

「なんでキャンプなんか来ちゃったんだろうな。家でクーラーの効いた部屋でゲームしていた方がよっぽど楽しかったのに……」

そんなことを考えながら歩いていると、一番後ろにいた班付きのジュニアリーダーのお姉さんから「ストーップ！」と声が掛かります。「ここから先は滑りやすいから、右側にある虎《とら》ロープ（黄色と黒の縞模様《しまもよう》のロープ）をつかんで歩くよー。みんなリュックの中から軍手を出そう」

なるほど、5メートルほど先を見るとさらに急な山道になっています。ちょっとぬかるんでいる所もあって、掴《つか》まり歩きをしないと足をとられて転んでしまいかねない場所です。ぼんやり考え事をしながら歩いていたよっちゃんにとって、この虎ロープポイントはちょっと刺激的でした。実際、その場所はロープを掴んで歩いても少しズルッっとしたのでドキドキひやひやでした。

しばらく進んだところで、今度はチェックポイント1という場所に来ました。すごく太くてりっぱな杉の木の前に、別のリーダーのお兄さんが立っていました。そこで問題が出されます。「この杉の幹の太さをメジャーを使わずに当ててください」。ヒントとして、手を広げた長さは身長とほとんど同じとのこと。班の中で「お前身長何センチ？」「オレ何センチ」という声がいろいろ上がります。1周ぐるりと3人で手をつないでもまだ届きません。班員のいろんな組み合わせで最終的な班の答えを相談して割り出しました。その答えはゴールした後です。で、他の問題の解答とともに各班で点数を競うのです。

ところどころのチェックポイントでは、水飲み休憩とゲームが盛り込まれています。ハイキングの行程が進むにつれてだんだん盛り上がると同時に、チームとしての団結・結束も生まれます。ただ歩くだけではないのです。

チェックポイント２では、少し開けた草むらでのカラーハンティングというゲームでした。「この草むらで色を探してもらいます。ボクが見えなくなる場所へは行ってはいけません。探す色はこれです」と、緑色の折紙を小さく切ったものを渡されました。「制限時間は５分、よーい、ドン！」

ジュニアリーダーの掛け声で、いっせいに折り紙の色を探し始める子どもたち。よっちゃんも遅れを取ってはいけないと、あわてて樹木や足元の草や葉っぱに目を向けます。葉っぱだから全部が緑色で簡単だ、と思ったら大間違いでした。折紙の緑色が全然見つからないのです。「葉っぱは緑色と思っていたら、１枚１枚違っていて、それぞれが全部違う色なんだ！」

よっちゃんは新しい発見をしました。一旦そのことに気がついてみると、これまで当たり前のように眺めていた草木が、とたんに色鮮やかに輝いてきました。

黄色っぽい緑、黒っぽい緑などそれぞれの色の「違い」を繊細に感じられるようになり、折紙と同じ色の葉っぱは見つかりませんでしたが、それでも制限時間ギリギリに「これが一番近い！」というのを見つけました。リーダーの前でみんなのと比べてみたら、よっちゃんのが一番近いとみんなに言われて嬉しそうな顔。

その後もハイキングを続けていると、風が強く吹いてきました。次第に空が暗くなり雲行きが怪しくなってきました。山の天気は変わりやすいのです。「雨が降りそう……」

思ったより楽しいハイキング。道のり半ばなのに雨になったらどうなっちゃうんだろう？よっちゃんは、せっかくのハイキングが雨で文字通り水を差されるのががっかりという気持ちと不安になりました。

案の定ポツリポツリと雨が降ってきて、リーダーがみんなに声を掛けます。

「よし、みんなカッパを出しましょう」

「ねえ？　これでもハイキングやるの？」リーダーに尋ねます。

「これくらいの雨ならカッパを着ればできるよ。でも石とか余計滑りやすくなるから足元にはこれまで以上に注意しないと」

雨は嫌だ、と感覚的に何となく思っていたけど、傘でなくカッパを着て歩くのも面白そう。何といってもこのままハイキングを続けられる……。みんなも冒険みたいなワクワクした表情をしています。

ポイントごとに育成者のオジサンが立っていて、声を掛けてくれます。山の中で、「あっ誰かいる」、知っている人の顔だったりすると、こんなにもホッとしたり嬉しかったりするんだ、というのも分かりました。

歩いているうちに、汗をかいてきてカッパが蒸れてちょっと暑くなりました。最後のチェックポイントで、またリーダーの指示がありました。

「汗をかいちゃって気持ち悪い人は、ここで持ってきたTシャツに着替えましょう」

雨は小降りになって、そのうちに止みました。カッパを再度リュックにしまい込んで、ゴール地までの道のり。途中いろいろあったけど追跡ハイキングは終了しました。杉の木の太さは2センチ違いだったけど、自分たちの班の答えが一番近かったです。

◆課題発見力……現状を分析し目的や課題を明らかにする力

ハイキングとは、キャンプ場の周りをただ歩かせるだけのプログラムではありません。

ここでほんの一部を紹介しましたが、ハイキングの中で子どもたちに五感を働かせて自然を感じてもらうための工夫、「ネイチャーゲーム」が、環境に合わせていろいろ盛り込まれています。観察タイムや観察ゾーンでは、しゃべってはいけない、という指令を出すことによって、森でざわざわする風の音や鳥の鳴き声に耳を傾けさせたりします。もちろんクイズコーナーでは、その地域やコースにちなんだ問題を設けるなど興味や盛り上がりを引き出すためのイベントを演出します。子どもたちの固定概念を覆して、自然の中での新しい発見や感動を促すことになるようなプログラムです。

「課題発見力」に関連して、少し話がとびますが、教育改革実践家で著述家の藤原和博先生（現在は奈良県の高校で校長をされています）が、民間企業からの初の校長として杉並区の区立中学校にいらした時代に、私は放課後に単独でお邪魔したことがあります。これまでの学校教育についてのあり方について、改革を数々実践されていると知ったからです。当時は実践されていた「よのなか科」という授業が話題になっていました。例えば、町でハンバーガー店を出店させるという課題を生徒に与え、「どの場所に、どんな品揃《しなぞろ》えをすると、どれだけの売り上げが見込めそうか」といったことを本当のビジネスさながらにチームで考えさせるといった授業です。以後、教育のあり方や自分の活動に何かとヒントをいただいています。

例えば、「読み・書き・ソロバン」という基本的な知識を身につけるという従来型の学校教育と、社会人として必要な「実践的な学び」は残念ながら連動していません。正解をなるべく早く見つけるための学力ではなく、今自分の周りで起きている課題を認識し、対処すること。そのためには、多くの情報の中から必要・不必要を選別し、事実と推測とを切り離せる力……。先生はそれを正解ならぬ「納得解《なっとくかい》」と称しておられますが、「実践的な学び」には、課題の認識、そして事実と推測を切り離せる力の2つが求められます。

そして課題が解決したときの理想の結果をイメージし、それを自分以外のメンバーと共有できるように明示できることが重要です。現状と理想とのギャップを埋めるプロセスが正解ならぬ「納得解」なのです。

理想のゴールにもってゆくためのプロセスを描く能力は、学力とは別物です。持っている知識や情報を、組み合わせてイメージしたものを作っていく能力です。藤原先生は、すでにある正しいものを当てはまるジグソーパズルを完成させる「情報処理力」と、ＬＥＧＯを組み立てて創り出す「情報編集力」との違いともおっしゃっています。

理想のイメージを論理的なプロセスで再構成して考える力です。いわゆる「風が吹けば桶屋《おけや》が儲《もう》かる」プロセスを頭の中で構築できるかです。

「風が吹けばホコリが目に入る→目が悪くなる人が増える→目が不自由でも自活できる職業・三味線《しゃみせん》演奏家が増える→三味線を作るのに猫の革《かわ》の需要が増える→猫が減少する→天敵のネズ

ミが増える→ネズミが木桶をガリガリかじる→人々は桶を新調する→桶屋が儲かる」

このように先読みをして理詰めの思考ができなければいけません。

自然相手のキャンプにおいては、筋書き通りのプログラムで進行することはまずない……といってよいでしょう。そもそも、「ないない尽くし」の不自由な環境に出向いてゆくのですから。

今回のハイキングを振り返ってみましょう。乗り気でないままキャンプに参加したよっちゃんが、心ここにあらずで歩いていると、虎ロープ手前で班付きリーダーが声をかけます。転倒するリスクのある危険ポイントだからです。

早朝の実踏（下見）によって、コース設定の基となる目印の青色ビニール紐を多すぎず少なすぎず結んで行きながら、注意すべき場所には育成者や指導者と一緒にプログラムリーダーが事前に虎ロープを張っていました。こうやって、考えられる危険から事前に子どもたちの注意を促し、事故から守っていたのです。

・山道に慣れていない子どもが多いので、一人一人の様子を注意深く観察する
・危険が予測される場所には、事前に安全対策をとっておく

キャンプ経験を積んだ中高生は、こうした「課題発見力」が磨かれていきます。

現代社会は「安全・安心」の掛け声のもと、子どもたちの周りから極力危険が排除されるようになりました。もちろん、そのこと自体は良いことです。しかし、反面子ども自身が感覚的に危険を察知したり、対処したりする力を養う機会がなくなっているのも事実です。運動会で、

棒倒しや騎馬戦が消えてしまったのは、何か事故があったときの責任は誰が取るのだ？　に起因しています。事故にならないようにするにはしないのが一番！　ということなのでしょう。

自然の中で過ごすと、火を扱ったり、トゲがあったり、毒ヘビやスズメバチがいたり、崖があったり……といった適度な「危険」に出遭います。それらに触れ、体感することで、感覚が研ぎ澄まされてゆくものだと思います。つまり、異常に気づいたり危険を事前に察したり予測したりして気持ちや神経を集中させ、より慎重な行動を心がけます。また、その手前で回避するなどして、事故や突発的な事態に対処する能力も身につくのです。

◆計画力……課題の解決に向けたプロセスを明らかにし準備する力

キャンプだけでなく、イベントごとは計画と段取りが命です。段取り八割といって、始まる前にほとんど終わっているも同然なのです。その8割が楽しい。最後にとってあった2割がイメージ通りに進んでさらに楽しい。

雨が降りそうな天候だからと、ハイキングを中止して、違う時間に振り替えることももちろんあります。しかし、キャンプ場を離れた自然体験を通じて子どもたちにこれを伝えたい、といった思いをあっさりバッサリ切ってしまうには、いろいろな抵抗や葛藤があります。なので、ギリギリまでコースやプログラムを変更してまでもできる方法を運営側は模索します。

「雨」という課題があるとするなら、その可能性や度合いに応じて、ハイキング縮小版や雨プログラムの準備を事前にしておくのが「計画力」です。雨が降ったとき用のハイキングコース変更の腹案、熱中症対策、万が一コースを外れた場合の確認方法や対応、トランシーバーの受信具合、携帯電話が使えるか……ほか、リーダーのリュックには医薬品以外にも、途中でみんなに配るアメやペットボトルも入れています。

このように、コース上の虎ロープや持ち物のカッパ、そして汗をかいた後の着替えTシャツなどはまさにその〝転ばぬ先の杖〟なのです。リーダーともなれば、活動の延長線上にある事態、起こりうる可能性の予測が立てられます。いわゆる「シミュレーション力」で、結果、イメージをもとにプロセスを複数頭の中に思い描くことができる能力です。ここでは具体的に、蒸れて暑い↓着させていたカッパを脱がせる↓汗をかいた服↓風に当たる↓体温が急激に下がる↓風邪をひく……といった寸法です。

想定されるあらゆる事態に対して準備をしておくからこそ、突発的な変化にも対応でき、それが危険の中における安心安全です。危ない橋だから渡らせない、またエイヤッで渡らせるギャンブル……というのとは訳が違います。

このようにハイキング一つとっても、雨といった天候の変化だけでなく様々な事態を想定して準備をします。万一の対応は必須ですし、子どもの水分補給の量やタイミング、距離に応じた補充なども視野に入れます。

「子どもたちに五感を働かせて自然を感じてもらう」というハイキングプログラムの目的を達成するために、トラブルのシミュレーションを行い、それに基づいた計画を立てます。ジュニアリーダーは、こうした〝段取り八割〟の経験をリーダーの先輩や大人を通じて、社会人に必要な「計画力」を10代の若さから積み上げ、磨きを掛けている存在なのです。

◆創造力……新しい価値を生み出す力

追跡ハイキングでは、青色ビニール紐の目印を頼りに、設定されたコースを歩いて回らせます。逆に、途中赤色ビニール紐が出てきたら、それはコースアウトしていますよ……の印になります。このように安全なコース設定進行、いくつかのチェックポイントのゲームなどを通じて、リーダーは客観的に班員の子どもたち、班としてのまとまり、安全と健康のチェックなどをしています。

プログラムのメインは管理ではありません。あくまでもその本質は、自然を体感させるような楽しいプログラムづくりとその演出の工夫です。この工夫こそが、企画側の狙いであり願いであり、新しい価値を生み出す「創造力」につながってゆくのです。

チェックポイント2のカラーハンティングを通じて、よっちゃんはそれまで「葉っぱ全部が緑色」と思っていました。しかし、このゲームに参加することで、「葉っぱは折り紙のような緑ではない」「1枚1枚が全部違う色」であることを発見しました。ハイキングプログラムの工夫によって、参加した子どもたちに新しい価値を生み出すことができたのです。そうした実経験をしたよっちゃんは、学校に戻ってその経験を家族や友達に話したり、街中で見かける木々の葉っぱや紅葉の季節になって、ふとキャンプでの新しい発見のことを思い出したりするでしょう。そのような新鮮な驚きや発見は大人になっても忘れなかったりするものです。そして、それこそその後によっちゃん自身の、新しい価値を生み出す「創造力」の源になったりするのです。

また、キャンプファイヤーの出し物で「どうやったら盛り上がるか」を真剣に考えているジュニアリーダーもいます。きっかけは自分が初めて体験して楽しかったからです。そのゲームは他のリーダーにもあまり知られていない地域の新作としましょう。それを面白い盛り上がりポイントを踏まえて、自分なりにアレンジして披露したりします。ゲームや出し物にも正解はありません。ただウケるか盛り上がるかを念頭に、心の中でや見えないところでリハーサルしています。その頭の中には、ここぞというポイントで狙い通り子どもたちが笑顔で盛り上がっている様子がイメージされています。そして、本番当日。それが実際に大いにウケたとしましょう。キャンプファイヤーが終わったら、そのリーダーは子どもたちから「あのゲームのお兄さん」と出し物名が名前に取って代わったりします。またやって～とリクエストされます。キャンプ中、ずっとそのゲームの歌を口ずさんだり、家に帰ってからも真似したりその後、学校でも披露したりするかもしれません。子どもは、一度見聞きしたことをすぐに吸収して、上手に真似できるので、そのうち自分なりのアレンジが少しずつ加わるなどして、いつしか地域に広まるゲームの一つになったりします。

決まった仕事をやっていれば売り上げが伸びていった時代はとっくに終焉《しゅうえん》を迎えています。

定形業務はすでに外注からロボットに取って代わり、変化のスピードと多様化の中では、生身の人間でなくていい仕事がどんどんなくなっている世の中です。今の子どもたちが社会に出る頃にはさらに拍車がかかっていることでしょう。

これまでにない、新しい価値、付加価値のある商品を生み出そうと、あらゆる企業が対応できる人材の獲得に躍起になっています。

だからこそ、子どもの頃からキャンプを通じて、すでにある答えを導き出す「情報処理力」ではなく、「情報編集力」すなわち「考え抜く力」を養うことが、企業が求める社会人になれる大きな一歩となるのです。

③「チームで働く力」チームワーク
～多様な人々とともに目標に向けて協力する力～

人と人との関わり、力や知恵の寄せ合い……。皆さんはここまで読み進んでいただいてキャンプ活動は「チームで働く力」で成り立っている、キャンプ生活ではそれを発揮せざるを得ない場である、ということは充分お分かりいただけたと思います。その不可欠な力をどう習得し、磨きをかけてゆくかについてお話しします。

青年期を経て成人となり、一人の大人として社会生活を行う上で、職場でも地域でもこの社会は多様な人との共同作業で成り立っている、また、自分の意見を持ち、それを自分以外の人たちに的確に伝え、意見や立場の異なる人々と協力しながら事をなす……という力なしには、生きてゆけないことは誰もが理解し、否定する人はいないでしょう。

〝船頭多くして船山に登る〟ということわざがあります。人に指示を出すリーダーが何人もいたら統制が取れず、物事が見当違いの方向に進んでしまうという意味です。リーダーシップとフォロワーシップがバランスよく発揮されている姿……。「チームで働く力」は集団の中で良い人間関係を築ける力であり、自分と他者の持ち味をうまく融合させて協同・共生してゆける真のコミュニケーション力でもあります。

その力は持っているか、いないか、ではありません。どの程度の質量を持っていて、自分の引き出しの中から周りに合わせていかに的確に発揮できるか？　さらに言えば、適量で発揮できるか？　が問われるものです。出しすぎもせず、出したことがうまく周りに伝わる、周りの状況を踏まえてその適量を出せる人が「チームで働く力」のポイントとなります。

◆発信力……自分の意見を分かりやすく伝える力

「働きかけ力」で説明した薪が足りなくなったときのヒロ君は、まだ関係構築初期であったコンビのマー君に、かまどの前で「カレー完成まではまだ時間がかかりそう」「ついた火は絶やさない」「かまどの薪が足りない」「今度は自分がもらってくる」「火の番を交代する」「任せる」「火が大きくなりすぎないように注意する」といった情報とともに協力を依頼しました。

「火を見てて！」と言うだけとの違いは明らかです。人間関係ができていれば、〃あうんの呼吸〃で事が進むかもしれませんが、できていないと相手や世間から、生意気・自分勝手・嫌な奴・何を考えているかわからない、または不思議ちゃん……と見られることになります。

実は、私たちもこれに近いことを結構やってしまっていることに気づかされます。「それくらい言わなくてもわかっているだろう」といったおごりにも近い感情であり、「私の考えは正しい」という過信や押しつけです。かく言う私は今でもそれでよく失敗しています。政治家ほどの影響力がないので社会全体から騒がれず叩かれずに助かっています。

いわゆる「伝える」と「伝わる」との違いです。この失敗から学ぶ事が多いです。

「何気なく使った言葉によって相手を傷つけてしまった」

「自分がこんな態度、こんな言い方をしたために、気まずい状況をつくってしまった」

「違う表現での伝え方をすべきだった」

口がすべった……とか、そういうつもりで言ったのではない……とよく言い訳するやつです。出しちゃった言葉は巻き戻せない……。こうした経験が学びにつながっていきます。特に初対面のメンバーには細心の注意が必要です。人との共同作業においては、子ども時代から真意をもとにした「発信力」を効果的に鍛えることが重要であるのは言うまでもありません。

さらに、子どもたちにカレーの作り方を説明したリーダーに目を向けます。ここには、さらなる高度な発信力が求められます。キャンプ場に来て興奮状態にある子ども集団を前にして話をしたり、何かの説明をしたり、あるいはゲームを披露したりするのは、大人を相手に話すよりよほど大変です。そうした場数を踏んで子どもたちの心を掴みながら、かつポイントを押さえながら情報を発信しているジュニアリーダーは、伝わるように伝える熟練者でもあります。

子どもたちの反応はストレートですから、伝え方がよければすぐ反応が返ってきますし、面白ければ大きな笑いが起こります。逆に言えば、つまらない話だとまったく聞いてくれません。手元を見ているか、足元で動いているアリの動きを追いかけているか、もしくはおしゃべりを始めるかです。このような環境で伝える経験を通じて、発信力が磨かれます。リーダーは、子どもたちに最初に基本的な約束を取り付けます。「1つ目～、誰かが話をしているときは話をしている人に顔を向ける。いいですか？　わかりましたか？　できる人は手を上げて～」と、いった具合です。ザワザワしているときは、「静かにしてくださ～い！」とは言いません。見事に静かにさせる技を使います。「は～い、それでは皆さん目をつぶりましょう」

発信力は「私は言いました」ではなく、相手に伝わるまでがコミュニケーションだということが、キャンプではジュニアリーダーを介していくつも実感できます。

SNSによる差し障りのない表面的な「いいね」を積み上げるコミュニケーションとは全く違う、相手と対面して心を通わせるコミュニケーションは、子どもの頃からこのような生身の人間関係の場数を踏んでいないと、できるものではありません。

本書の執筆前に入手した60人以上からのジュニアリーダー経験者からのアンケートがあります。その中に「ジュニアリーダーに関わって自分はどう変わったか・良かったこと」という設問があるのですが、それに対し、

「司会がうまくなった」

「難しいことを人にわかりやすく説明できるようになった」

「自己表現ができるようになった」

「会社でのプレゼンに役立っている」

という回答が複数見られたのも、当然だと思います。

◆傾聴力……相手の意見を丁寧に聴く力

「傾聴力」とは、発信力と対になる関係で、相手の話を「聴く」力です。

ただ単に「聞く」のではありません。耳に門が付いていると、都合によって開いたり閉じたりしてしまいますから……。ここは、カウンセリングなどでよく言われる「傾聴する」、2つの耳を十二分に計十四の耳で相手の心を「聴く」というものです。

・傾聴する……「聞き漏らすまいとして熱心に聞くこと」(『新明解国語辞典』第七版より)

相手の言っている内容と真意を正しく理解することが傾聴力の目的。そのため、対面でのコミュニケーションが必須なのです。傾聴によって、言葉のトーンや反応、顔色、表情を含めて、非言語情報からも相手の心のうちや本意の理解に努められます。

「わかったよぉっ！」の言い方の持つ相手の心、真意を正しく汲《く》み取れる人、傾聴力が身についている人は、「受け止めてくれる人」から「話しやすい人」に転じてゆきます。

この傾聴力も一朝一夕で身につくものではありません。まして、家族や友達、気心が知れた人とのコミュニケーションは人間関係が完結しているという感覚がどこかにあるので、「相手の話をしっかり聴こう」「相手の真意はどこにあるのだろうか」と考える努力を怠ってしまいます。その結果いつしか「他人の話が聞けない人」になってしまいます。家で私はそれで叱れることたびたびです。大人になってからだと、直接言ってくれる人も少ないので、気まずい雰囲気、気まずい状態を相手の態度から察しなければなりません。全く意に介さない人も中にはいますが、この〝察する〟のも「受信力」としては極めて重要です。

喜怒哀楽が顔に出ない子どもが増えていると感じます。ゲーム機を操る指先の反射運動と動体視力だけが磨かれている。半面、子どもの頃から親の顔色を的確に読む力を育んでいる子もいます。この子たちは、今度はさらに親以外の人の顔色や言われたこと、真意を理解するアンテナの感度、つまり受信力の幅を広げてゆきたいものです。自然環境の中で、大声で歌ったり踊ったり騒いだりする集団の一人として、その機会をキャンプ体験は与えてくれます。

そうそう、電車で向かい側の座席に目をやると、ほとんどの人がスマホの画面を見ているシーンに出くわします。人間ウォッチングが趣味でもある私ですが、いわば「無表情の展覧会」さながらですね。７人掛けの向かい側の座席全員の場合もあります。そういう時は心の中で「ビンゴ‼」というひとり遊びをしています。

人と人との関わりの中で、仲の良い関係者だけでなく、初対面やそれに近い相手との情報の受信力を磨き、傾聴コミュニケーションを使いながらの協同作業をする経験を重ねることで、この力も自然と育まれていきます。

◆柔軟性……意見や立場の違いを理解する力

「柔軟性」とは、自分以外の人の話や意見を受け入れて、異質なものへの理解と対応に努める力です。

自分の言い分が通らないと白か黒かをきっぱりと分けてしまい、「この人は私とは考えが違う！」「立場が違うからわかりあえない」「合わない」「嫌い」などと、人間は感情の生き物ですから、つい感情のまま対応したり拒絶したりしてしまう……などということは多々あります。

ここでいう「柔軟性」とは、いろいろあっても不思議ではない、いろいろあるのが当然だ、いろいろあるから面白い、などの考えのもとで、瞬時に決めつけたものに固執することなく冷静にそして幅広く物事を見ようとする姿勢です。自分が持っている情報と持っていない情報とを適切に組み合わせ、また組み換えることによって生み出せる価値がたくさんあります。自分一人のこだわりから意識的に解放してみると、当初一人で考えたものでは成しえなかったようなアイデアが加味され、そこからの選択と最適な行動がとれるようになるのです。

会社では、営業・技術・企画・宣伝・総務・経理など、社員にはそれぞれ担った専門の役割があります。全員がそれぞれの持ち場で力を出し合ってその力の寄せ合いによって仕事を完遂させます。研究開発やデザイン分野であっても、個人のひらめきや努力から端を発してもそれをカタチにするまでのプロジェクトなどによって、すべからくチームとして仕事を進める、というのが一般的です。

キャンプでのカレーライスづくり一つとっても、子どもたちにとってはある意味大きなプロジェクトです。手を挙げた全員が「かまど係」なわけでなく、ジャンケンで負けても、まぁ次にやれたらいいや、と思える子どもがいるから成り立つわけです。さすがに小学校4年生ともなると、駄々をこねてかまどの前からテコでも動かないという方法が通用するとは考えませんもの。

「カレー係」を担当した子は、ヒロ君とは別の試練――ピーラーと包丁を手にジャガイモ・ニンジン・玉ねぎとの格闘が始まります。その「カレー係」の中においても、適度な大きさに切る係の前に、野菜を洗う係、人数分の水をお椀《わん》で測って鍋に入れる役割などがあって、それぞれの持ち場において連携して同時並行で作業を進めます。まさに子どもたちによるプロジェクトチームです。面白いことに、そのうち「オレ、火よりも次も包丁やりたい！」なんて子も出てきたりするのです。

「柔軟性」というのは、そういった異なった数多くの選択肢を受け入れてこそ育まれるものです。薪が足りなくなりそうとなって、薪のおかわりの依頼に対して、マー君が「そんなのお前が取りに行けよ」と言ったら、かまどの火と友情の火の両方が消えてしまったことでしょう。

このように、その他自然の中で繰り広げられるキャンプというものは、今展開しているプログラム進捗状況によっては、当初の予定とは違った状況になることもあります。あらゆる点で刻々と進行してゆく変化の中で、変化に対応しながら、周りと協力してプロジェクトを進めていく力が、キャンプでは急速に伸びるのです。

ここが今どきの若者に多くみられる「マニュアル人間」との大きな違いになります。

◆情報把握力……自分と周囲の人々や物事との関係性を理解する力

マー君に火の対応を交代したヒロ君。本部までの通り道で他の班のかまど係がどうなっているか周囲の状況を見る機会を得ることになります。自分の体験をもとに、今度は自分の班の動きと他の班の進捗状況との比較をします。周りを見て自分のところの「カレー係」がかなり遅れていることに気がつきます。そしてマー君との連携において「かまど係」として「火はいまのところ最小限にして薪を燃やしすぎない」などできることを考えるようになります。

最初は単に「火を扱って楽しい、面白い」という自分の感情だけで動いていたヒロ君の大きな変化です。ここでは「カレー係」の動きまで認識して、自分がとるべき行動を判断しています。

これは、短期間で「情報把握力」が向上した、と言えるのではないでしょうか。

リーダーともなると、この情報把握力のレベルは格段に上がってプロ級です。

一人一人の子どもの動き、プログラムの流れ、終了時間までの時間管理、班としてのまとまり、天候や自然環境の変化、危険行為や事故への予知といったものをトータルで見ているのですから。事前に決めたスケジュールを決めたとおりにやらなければならないのではなく、把握した情報をもとに、時には決めたことをあえて「やらない」「させない」ということまでやってのけるのです。ジュニアリーダーとしてのこれまでの経験によっての引き出しの多さがなせるワザです。

コミュニケーションというと〝人と人〟というイメージになりがちですが、〝自然と人〟をも相手にしたコミュニケーションをとります。いま起きている事実を認識し、今後起こりうる可能性を想定し、そして行動を起こすまでの一連の情報を収集する力です。

行動を起こすのはもちろん人です。そこで人と人とのコミュニケーションをベースにした人の情報把握が必要になってきます。

「人と人との関係性」において大事なことがあります。それは、社会人基礎力の「12の能力要素」すべてが完璧な人はいない、という点です。簡単に言えば、人には異なった環境の中で様々な過去の経験と価値観があり、得手不得手があるのです。それを〝持ち味〟といいます。

それぞれの人が持つ味を把握することが極めて重要であることに非を唱える人はいないでしょう。そして状況に、いやＴＰＯに合わせて発揮し合うことがチームの妙味です。力の寄せ合いというのは、持ち味の寄せ合いであり、個性の寄せ合いです。

「俺は包丁を使うのに慣れたから、また野菜を切るのをやりたい」

「僕は包丁はダメだけど、火をつけるのは得意だよ」

そのようなコミュニケーションをとりながら、得意な分野をのびのび活かして協同作業をすることによって最終的に目的が達成されるのです。

のちに関わることになる企業組織やビジネスの世界は、まさに力の寄せ合いで成り立っています。就職活動において、企業は一人一人の持ち味とビジネスに必要な能力とのマッチングで採用を決めます。その自分の持ち味を、自分のこれまでの経験・実績をもとに的確にわかりやすく表現できる学生に企業は興味を持ちます。そして、人事担当者は、それを職務とともにのびのび発揮し、伸ばせそうな人だけに内定通知を送っています。企業が欲しがる人材については本書の第3章後半で詳しく触れます。

計画性が高い人は、突発的なことが起きたときに弱かったりします。計画性に乏しい人はアバウトな人です。それを白黒のようにきっちり「良い悪い」「強み弱み」として分けないことです。計画性が乏しいというのは、能力がないのではありません。きっちりしなくてもアドリブで何とかなると思っているのです。計画性の高い人は、自分できっちり立てた計画通りにやりたいのですね。計画通りに進むことがその人にとって快適・快感なのですから。そういう仕事は、財務とか経理といった職務の中にあり、その人の適職になります。

このように、自分の持ち味を自他ともに理解したうえで、餅は餅屋さんに任せるという環境を作り上げるのも「情報把握力」のなせるワザと言えます。自分の強みを自分で理解していること、自分以外の人の強みを理解していること……。「情報把握力」というのは、個人個人の持ち味の「把握力」であり、その時間その場においてそこにいるメンバーそれぞれの動きの「観察力」でもあります。そこにさらに、理屈ではない「感覚的なもの」「感性」が加味されたら無敵です。

キャンプでは24時間一緒に生活し、まさに「寝食を共にする仲」になります。自分の持ち味に気づき、自分に足りないものを他のメンバーから学ぶことができます。

そのことを積み上げてゆくというのは、24ページのセルフエスティームを高めることにもつながるのです。

◆規律性……社会のルールや人との約束を守る力

キャンプは最初から最後まで「団体行動」が基本です。

集合時間にきちんと集まるところからはじまり、移動、食事、様々なプログラム、楽しいゲームに至るまで、自由時間以外は自分勝手な行動はできません。

朝のつどいに来ていない子がいれば、班長が班員にテントまで見に走らせます。食事の後片付けが終わらない班があれば、次の楽しいプログラムの開始時刻が遅れて、その時間が減ります。ハイキングがいくら楽しいからといって、勝手にコースを外れて進んでいく子を放っておくと、大げさではなくそれは生命に関わる重大事故につながります。

ですから、皆が個性を発揮して存分に楽しんでもらうためにも、ルールや約束を守るという

「規律性」が全員に求められます。

では、何のためにルールがあるのでしょうか？　改めて考えてみたいと思います。ルールとは守るものだから、自分勝手では世の中わたっていけないから……は、やらないといけない感が前面に出ていて、ちょっと物足りなさを感じます。ルールを守ることは自分を守り、周りの人を守ることになるから……が、割と説得力がある回答の一つです。

ルールによって、社会の、また生活上の安心や喜びを私たちは得ているのです。例えば、交差点の赤信号は関係ないとか、サッカーにルールがなかったらどうでしょうか？

家族や友達同士であれば、少しぐらい時間に遅れても、「なあなあ」で済まされる面はあるでしょう。しかしキャンプ生活は初対面の集団であることが多く、参加者間で人間関係を作ってゆく環境です。誰も自分を甘やかしてくれません。決められたルールをきっちり守らなければならない……というより、むしろそういった秩序を通じて自分が守られていることを自覚する機会でもあります。自分自身と周りの人たちへの安心安全を作るもの、やるべき時にきちんとやると自分も嬉しいし周りも嬉しいものなのだ、という体験を多く積み上げることができます。

また、親や教師以外の大人と接する緊張感からか、普段は時間を守れなかったり集団行動自体が苦手だったりする子どもでも、キャンプに行くと良い意味での〝外づら〟を発揮します。キャンプのバックアップの育成者の一人として、親が内緒でわが子の様子をお手伝いの傍《かたわ》らこっそり観察するケースがあるのですが、親は新しい発見に驚くのです。家では見せたことのない態度や行動をとっているのですから。運営側からすれば、バックアップ要員は多いと助かるので保護者説明会では、そんな発見をしたいお父さん・お母さんはぜひ内緒でキャンプに一緒に行きましょう！　と宣伝しています。帽子を目深にかぶって最終日までバレなかったお母さんもいらっしゃいます。

家庭や学校で学べないことを、普段とは異質な同年代のお友だちやリーダーや大人たちと接する中で学ぶことができるのが、地域キャンプならではの魅力です。

◆ストレスコントロール力……ストレスの発生源に対応する力

普段と異質な環境で異質な人々と生活するのは、刺激的で学ぶことが多い半面、ストレスにもなります。そのような環境があまりに長いと、結果的に健康を害するぐらいに大きく膨らんでしまうでしょう。

キャンプにおける２泊３日の環境の変化というのは、子どもがストレスを体験するのに適度であり、また格好の機会となります。

ここでの説明に注意が必要なのは、「ストレス耐性」ではなく「ストレスコントロール力」としている点です。つまり、耐え忍ぶ力の強度を上げるのではなく、ストレスをうまく処理し、なくす……というより、むしろ重いものは軽くして尾を引かせないようにする対応力を意味します。

今の若者は、ストレスに弱いと言われています。親や社会から保護され、敷かれたレールの上を親の望むように〝ちゃんと・早く・いい子に〟行動することが〝いい〟という評価のもとで育てられてきたケースが多いからです。しかし実社会においては、親の教えをはるかに超越した現実、想定外の変化や理不尽に直面します。理想と現実とのギャップに悩むこともあるでしょう。そもそも社会とは、「こちらを立てるとあちらが立たない」「総論賛成、各論反対」などといった多くの矛盾に満ち溢《あふ》れていることは、誰もが納得するところです。

企業の採用において体育会系が好まれることの一つがこれです。多くの理不尽に満ち溢れた環境の中で辞めずにやり続けたというその実績を高く評価するのです。

ストレス環境に自ら飛び込んでゆきたいストイック系は別にして、通常はその理不尽や矛盾を感じると、自分自身と周りや社会との関係性とに葛藤が生まれます。その葛藤がストレスであり、ストレスは人間でなくとも、また好む好まないに関わらず生ずるものです。その誰にでもあるストレスをコントロールできるのとできないのでは天と地の差があります。

ストレスをコントロールできないと、いわゆる「キレやすい」状態になりがちです。うっぷんを外に発散させて、通常では理解しがたい暴発とも思えるような行動をとり、むしゃくしゃしてやった……という若者の事件例は枚挙に暇《いとま》がありません。逆にストレスを内側に引き込んでしまった結果、引きこもりや自虐、または自分で人生を終わらせてしまう悲しい事例もあります。

いずれにしても、矛盾ある現実社会とのバランスをうまくとれるような訓練は、子ども時代から絶対に必要です。その訓練としてキャンプが最適なのですね。

キャンプは、現実をもとに自分のむしゃくしゃの受け取り方・考え方をうまく変える訓練であり、それによって、精神的な軋轢《あつれき》をうまく処理してゆくという訓練です。そういう能力が社会に出る前には不可欠です。企業側はストレスチェックの適性検査を、良い人材の獲得の要件の一つとして重要視しています。

地域の少年キャンプという場は、子どもにストレスを与える環境です。初対面の子どもたち同士が24時間一緒で、ある意味自由の利かない我慢の場でもあるわけですから。ですが、子どものもつ本来の適応力なのでしょう、育成者の大人が驚くほどあっという間に仲良くなり、そして、ああでもないこうでもないと言い合いながら協同作業を行うようになるのです。メンツなどを考えたりする大人では、そうはいかないでしょう。

キャンプという代物を通じて、２泊３日程度のストレスにさらすこと、その上で「ストレスコントロール力」が身についてゆくのです。いかにキャンプは子どもたちにとってストレスを生じさせる塊《かたまり》であるかを次に紹介いたします。

「キャンプ」という代物

ここで改めてキャンプという代物を整理して、どんなものなのかを紹介します。キャンプとは……

1　面倒くさい
2　汚い
3　気持ち悪い
4　つらい
5　厳しい
6　怖い
7　さみしい
8　不便

つまり、快適な環境とはずいぶんかけ離れていて、いいことなど一つもなかったりするのです。詳しく見ていきましょう。

1　面倒くさい

キャンプ場に着いた途端に、先に述べたようなないない尽くしの環境。何でもお膳立《ぜんだ》てされていて「お腹すいた〜、ごはんまだぁ〜？」と言っている日常生活とはえらく勝手が違うものです。しかも、自分のやりたいことを好き勝手にやれて、やりたくないことはやらなくても済む……なんて状況ではありません。同じ学校じゃない子、ここで一緒になった同じ班の子と折り合いをつけなければいけない、こんな気の休まらない面倒な環境はありません。親にやってもらうのが普通なことをなんでしなくちゃいけないのか、と実際に口に出してぼやく子もいます。特に食事づくりは、１回きりの体験や興味を満たすものではなく、その都度、経験したことのないことをいちいちやらされます。しかも周りと仲良くしたり、折り合いをつけたりしないと食事にありつけません。

　とっても楽しいよ。嘘だと思ったら騙されたと思ってキャンプに参加してごらん、と誘われた子どもは言います。

「騙された」と。

2　汚い

キャンプ場を含め、自然環境の中での地面は芝生もありますが、基本は土です。集合場所で「皆さん座りましょう」と指示します。すると、ヤンキー座りのようにしゃがむだけで、お尻を地面につけて座ることはしませんね。汚れるのが嫌だからです。外遊びでは服は汚れるものですし、服の汚れ、破れなどは、昔は「わんぱくの象徴」みたいなものでしたが、今や服は体操着以外汚してはいけないものです。汚して帰っても怒られないんだよ、とけしかけてようやくお尻をつけて座れるようになるのが今の子どもです。土は汚いものであり、ましてや泥といったら近寄ってはいけない禁断のスポットです。

さらに汚いのはトイレです。衛生上汚いケースもありますが、そうでなくても便所＝汚いの認識。そりゃ、ほぼ屋外に近いところにトイレが設置されているので、家のようにキレイではありません。時代を反映して一部洋式トイレが導入されているところもありますが、基本は和式であり、水洗といっても便器の表面を流す程度でポットン方式にフタが付いている程度です。しかも、上を見上げると蜘蛛《くも》の巣があったり蛾《が》なんかも複数とまっていたりする。これだけ条件が揃っているともうトイレに行けなくなります。

とっても楽しいよ。嘘だと思ったら騙されたと思ってキャンプに参加してごらん、と誘われた子どもは言います。

「騙された」と。

3　気持ち悪い

トイレで目にする蛾もそうですが、蜘蛛にしても大きさがやたらでっかいのがいます。日頃めったに目にしないので、ちょっと観察してみるとその胴体とか模様とか生えている毛がやけに気持ち悪いのですね。バッタやカエルみたいなのはまだ可愛げがありますが、ジメジメした自然の中には、ぬめっとしてにょろっとした感じの、見たことのない気持ち悪いのがいろいろ生息しています。ハイキングでは普通に歩いているだけなのに、顔に蜘蛛の巣がまとわりついたりします。アリの大群が寄ってたかって死骸を運んでいたりするのも不気味な光景です。テントの中では飲食はしない約束になっているにも関わらず、こっそりお菓子を食べた班のテントにアリが大勢押し寄せて、明け方になって大騒ぎしているのもキャンプならではの事件です。

とっても楽しいよ。嘘だと思ったら騙されたと思ってキャンプに参加してごらん、と誘われた子どもは言います。

「騙された」と。

4　つらい

夏は暑くて冬は寒い。当たり前ですが、そんな中でハイキングなどやたら長い距離を歩かされます。途中のチェックポイントでクイズやゲームをしている時は気がまぎれますが、ゴールにたどり着くまで山あり谷ありで、あとどれくらい歩かなければならないか気になりますし、ハイキングというと楽しそうですが、結構苦労の連続です。しかも途中で雨が降ってきたら、カッパを着てまで歩かされるのです。

体力的につらいだけではありません。いつも班行動なので、たまには一人でボーっとしたい時もあるし、一人の時にいつもやっているゲームも我慢しなければなりません。四六時中周りのメンバーのことや動きを気にしなければならないし、最悪なのは、気が合わない子が班にいると、キャンプ期間中ずっと精神的にもつらい日々を送らされるハメになります。言ってみれば、我慢我慢の連続を強いられるのがキャンプなのです。

とっても楽しいよ。嘘だと思ったら騙されたと思ってキャンプに参加してごらん、と誘われた子どもは言います。

「騙された」と。

5　厳しい

キャンプに行くと普段、街中ではできないようないろいろなプログラムが次から次と用意されています。自由な時間もありますが、例えばカレーをつくったり、包丁で切ったりするのも初めてで慣れていないことばかりですから、次のプログラムまでの時間がすぐ来たりしてリーダーから「あと何分で！」と言われたり「早くしよう?」とせかされたりします。リーダー自身は自然環境の中では、急げ急げと言わないように……という意識はあるのですが、家でものんびりしている、とお母さんに言われている子は、次の準備にしても、着替えにしても、やはりもたもたしています。子どもにとっては集合時間に厳しかったり、班行動では守らなければいけない決まりがいくつもあって時々注意されるのでリーダーもうるさくて厳しい人に見えます。あと、火でちょっと悪ふざけをしただけなのに、かまど管理の育成者のオジサンにすごい剣幕で怒鳴られて、これまでそんな怒られ方をされたことがないので、びっくりして泣きそうになる子どももいます。

とっても楽しいよ。嘘だと思ったら騙されたと思ってキャンプに参加してごらん、と誘われた子どもは言います。

「騙された」と。

6　怖い

いまや滅多に経験できませんが、真っ暗闇や静けさは結構怖いものです。ナイトハイクという夜のプログラムでは、あえて懐中電灯を消して歩かなければいけない場所があったり、肝試しみたいなところでは、虫の鳴いている音のほかに鳥やカエルが不気味な声で鳴いていたりで結構怖いです。昔は森の中で女子のキャーキャー言う声が聞こえていましたが、今では表面上は粋がって強がってみせてはいるものの、男子のほうがビビリだったりしますね。

また、日中でもヘビやスズメバチに注意という看板があるところもあって、実際に大きなハチがブーンという音を立てて飛んでいたりします。ああいうのに刺されてショック死した人もいるというニュースや話も耳にしたことがあるので、キャンプというのは本当にヤバイという印象を持つようです。かまどのオジサンも怖い印象があるので、なるべく目を合わせないように注意します。

とっても楽しいよ。嘘だと思ったら騙されたと思ってキャンプに参加してごらん、と誘われた子どもは言います。

「騙された」と。

7　さみしい

今日の朝の集合から一日のプログラムが終わって、班の中の保健係とリーダーとで就寝前の健康チェックをします。いろいろなことをやって班の中で大変な思いをした一日だったなぁ、そして明日もこういう日が続くのだなぁ……と思いながらふと考えるのです。もしいま自分が家にいたら……と。すると優しいママの顔や、たまに喧嘩する弟の顔が思い浮かんだりするのですね。そして、明日6時に起きても家族がいないことを想像したら急に家に帰りたくなります。寂しくなってめっきり元気がなくなって、みんなと同じテントに居たたまれなくなります。大人が集まっている本部テントに「頭が痛い」とか理由をつけてやってきます。そして、悲しくなるのです。

「おうちに帰りたーい。帰るー。ママー」

とっても楽しいよ。嘘だと思ったら騙されたと思ってキャンプに参加してごらん、と誘われた子どもは言います。

「騙された」と。

8　不便

わざわざ何もないところにやってきて、何でも自分たちでやらなければいけないキャンプって、よく考えてみると馬鹿みたいです。世の中に電気があるのに、それを使わないで生活することにどんな意味があるのでしょうか？　クーラーの効いた部屋で涼むこともなく、日陰にいても風がなければ暑いことこの上なし。灯《あか》りはガスのランタンだったり、ご飯は薪を燃やして炊《た》いたり、遊びもゲーム機やケータイで遊ぶのではありません。飛んだり跳ねたりの体力消耗系を含めて、気がついてみると身体的にも精神的にもヘトヘトです。

また、自然環境の中では危険と隣り合わせです。遊んでいて滑って転ぶ、擦りむいたりトゲが刺さったりする、包丁やナタという刃物を使ったり、火や鍋釜《なべかま》を扱うとヤケドの心配もしなければなりません。家では考えなくてもしなくても良いこと、しかもしたことがないというか、やってはダメ！　と言われて、していなかった未経験なことばかりを次から次に、わざわざやらされに来るって果たしてどうなんでしょうかねぇ？

とっても楽しいよ。嘘だと思ったら騙されたと思ってキャンプに参加してごらん、と誘われた子どもは言います。

「騙された」と。

キャンプの種類

ひと口にキャンプといっても様々な形態があります。どのようなメンバーで、どれくらいの期間で何をしに行くのか？　またその場所や環境を通じて何が得られるのか？　ここでは、代表的なキャンプの種類を紹介しながらそれぞれの魅力をお伝えします。

◇ファミリーキャンプ

ファミリーキャンプとは家族でするキャンプのこと。ファミリーキャンプをおすすめする最大の理由は、自然の中で家族一家団らんで過ごすことによる効果です。日常の生活とは全く違う自然環境で家族が時間を共有することは、親子の関わりや家族間での新しい発見をもたらすこと請け合いです。

ファミリーキャンプの一番のメリット。それは何といっても〝家族の絆をより強くする〟ことですね。構成員としての家族一人一人の、日常生活では特に意識もせず目にとめることがなかったような新しい発見があります。非日常の自然環境の中だからこそ、キャンプ生活の中で、家族が一人一人の人間として、また生活者として、家族という一つのユニットとして相互の様々な新しい発見があるのです。その発見によって、改めて日常生活に対する想像以上のプラス効果を生み出すことになるでしょう。

日々仕事や家事でやるべきことを遂行しながら、かつ自分を取り巻く様々な人間関係の中で一日の大半を過ごすお父さん・お母さん……。貴重な休日、息ぬきの時間を自宅でのんびりするのももちろんよいと思います。でも、もしそこで「これはのんびりというよりも単にゴロゴロしているだけでは……」と感じることがあったら、ここはファミリーキャンプにチャレンジすることをぜひお勧めします。

ただし、事前に押さえておくべき重要ポイントがあります。ただキャンプに行って野外で寝泊まりして帰ってくるのではなく、一緒に過ごす意義や目的をあらかじめ明確にすることです。お父さんが運転し、目的のキャンプ場に着くや早速テント設営、お母さんが食事の準備、その間、子どもは日陰のディレクターチェアにゆったりと座って携帯ゲーム機で遊んでいる……なんていう状況を作らないようにするということです。

キャンプに行くと、必然的に「家族みんなで一緒にやる」ことが多くなります。お父さんは、日頃できなかった家庭サービスをここで返上とばかり、また父親としての復権を意識して、必要以上にお父さん一人で頑張ろうとしてはいけません。ファミリーキャンプの基本は、みんなで協力しながら一緒にやることなのですから。

キャンプでの主役は家族一人一人です。お父さん一人が日頃の罪滅ぼし的な動きをする必要はありません。家族それぞれが自らの能力に見合った役割を担うホスト役・ホステス役を決めることです。そしてそれ以外はサポート役に回ります。ある時はお父さん、ある時はお母さん、そしてある時は子どもが、という仕掛けや意識づくりによって「家族全員が主役」という感覚・実感、すなわち絆づくりができるのですね。

キャンプを身近な家族と一緒に体験することは、子どもにとってキャンプそのものの全体像を理解するよいきっかけになりますね。そしてそのことはのちの少年キャンプに参加する大きな動機にもつながるでしょう。


まずはファミリーキャンプから……と、思われた方用に、具体的に何をしたらよいのかの簡単な情報、キャンプ場についてから帰るまでにしたいこととそのポイントを紹介します。

・テント張り

キャンプ場についてスペースの確定ができたところで最初にテントを立てます。今や用具もどんどん進化して、以前よりずっと簡単に、また安価に手に入れられるようになりました。とはいっても、一人ではできないので数人での共同作業になります。ファミリーキャンプの場合、慣れていないお父さんは、特に知ったかぶりをする必要はありません。子どもと説明書を見て、ああだこうだ言いながら一緒にやることに意義があるのです。

テントを立てる際の注意点としては、場所を選ぶこと。キャンプが許可された場所のみにテントを立てるのは鉄則ですが、坂や木の根っこやゴロゴロした石を避けた平らなところを選んで、風の具合なども考えて向きを決めてください。大きな段ボールはマットの代用になります。また川に限らず、湖や海など水辺でキャンプをする場合は、増水する可能性も念頭に置いておく必要があります。

・食事づくり

次に食事づくりです。昼ご飯や夜ご飯の準備には、まず火が必要ですから、薪集めをします。もちろん薪は購入もできますが、燃えやすい枯れ木をあえて探しに行く、なんて演出があるのも面白いです。ジャガイモやニンジンの皮を剥いたり、肉を切ったり、お米を研いで火にかけたり……。ファミリーキャンプの場をきっかけに、子どもに初めて包丁や火を使う機会をもたせる、というのも大いにアリです。家では、危ないからと子どもにそれまで扱わせていなかったものを、少年キャンプに参加してリーダーや指導員に促されて親の知らないところで初挑戦させるよりもずっと実質的です。指導者は、保護者に成り代わって他人の子を預かって、事故や怪我に直結しそうな責任ある役割を担っているのが実情です。

手や指を切ってはいけない、ヤケドさせてはいけない……。やらせないのではなく、包丁や火を安全に利用できるよう噛《か》んで含めるよう教えてできるようになってもらうこと、遊び半分やうっかりで扱うと痛い目にあうことを体感させることに意義があるのですから。

親にとって、連合艦隊司令長官の山本五十六《やまもといそろく》氏の名言よろしく〝やってみて、言って聞かせて、させてみて、褒めてやらねば人は動かじ〟を実践する大きなチャンスです。ちなみにこの言葉の続きまでご存知な方は少ないと思うのでこの流れで紹介しておきます。〝話し合い、耳を傾け、承認し、任せてやらねば人は育たず〟。さらにそのあと〝やっている、姿を感謝で見守って、信頼せねば人は実らず〟と続くのです。親にとって、特に〝任せてやらねば……〟というのは実に難しいのではないでしょうか。「あぁー違う違う」とついつい手が出てしまいます。挙句の果てには、イラッとする連続に耐えられず、子どもにさせると時間がかかるので自分がちゃっちゃとやってしまったほうが早い、「もういいからよこしなさい！」なんてね。でも、時間がゆっくり流れている環境下なのです。ここでは、「早くしなさい」という言葉を封印して、ジャガイモ一つでもゆとりをもって剥かせて、うまくできた点を踏まえて、剥けたジャガイモ一つを褒め称える材料に変えてしまう……といった五十六元帥《げんすい》の経験を親自身がしてほしいものです。子どもにとってはどんな些細な事であっても快感でしょう。非日常という環境を活かした親子関係の再構築・再創生……。つまりまさにレ・クリエーションなのですから。

・レクリエーション

キャンプのような自然環境の中におけるレクリエーションは、一般的に森林であればハイキング、湖であればカヌーやボート漕ぎなどといった屋外での特別な遊び・レジャーをメインに考えがちですが、レジャーを中心にしなくても、生活そのものをみんなで作り上げた、という感動や充実感こそがレクリエーションの本質であり、それをみんなで共有できる素晴らしさをキャンプは持っています。もちろん、遊びそのものに対しても人工のテーマパークとは絶対的に違う「予測不可能な楽しさ」があります。わくわくドキドキの体験を、遊びプラス通常の生活、家事を通じて親子で共有できるのは、ファミリーキャンプならではの楽しさです。

キャンプに行くと、ないないづくしですからやるべきことは山積みですが、家の中でのお手伝いと違って、キャンプではすべてが「イベント」となります。ですから、それ自体が楽しい遊びであり経験であり、「自信」と「生きる力」につながってゆくのです。

・キャンプファイヤー

キャンプの夜はなんといってもキャンプファイヤーです。キャンプファイヤーだからといって、必ずしも火を囲んで歌ったり踊ったりする必要はありません。一度経験するとご理解いただけると思いますが、実は、キャンプサイトで囲む夜の火ほど人々の絆を強くするもの、そんなツールや機会は他にはない！　と私は断言します。

「火」には、なんとも不思議な力があります。特にキャンプの夜は、都会と違って灯りがありませんから、別のキャンパーがすぐ近くにいない限り、本当に「真っ暗闇」になります。まず、灯りという効果でいうとどんなに小さい火でも、人間に安心感をもたらします。

次に温かさという効果です。真夏であっても夜ともなると外気はひんやりするものです。時に心地よい風が吹くこともあるでしょう。そこに火の放つ熱、またぬくもりの効果は灯り同様に私たちに安心感と心地よさをもたらします。

あともう一つは、音です。キャンプサイトで携帯ラジオや音楽を鳴らしたり、いまではスマホやタブレットPCでTV番組や動画を観たりすることもできますが、日中はともかく、ここは夜の静けさを演出してほしいものです。静けさの中で火を囲むとどのような音が聞こえるか。ちょっと想像してみてください。まず火の燃える音が聞こえます。ガンガン燃やすわけではないのでボーとかゴーという音ではありません。静けさの中に不定期に鳴る薪の燃えるパチパチパチッという音や、時おりポンという木のはぜる音が聞こえるはずです。

そんな灯りと温かさと音という環境の中で全員が一つの場所に集って火を見つめているのです。どうでしょう？　このシチュエーション……。常日ごろ話せないことが、ここでは静かな口調でいろいろ口をついて出てくるのではないでしょうか？　それぞれ飲み物を手にしながら、そしてゆらゆらというか、とろとろというかそんな燃える火をじーっと見つめている……。それだけでも、私たちを肉体的にもゆったりと、精神的にも心豊かな世界にいざなってくれます。そのうちほどよい疲れ、いやクタクタで子どもが今日一日の様々な体験を胸に居眠りを始めたとしましょうか？　本書冒頭のフレーズ「わんぱくでもいい。たくましく育ってほしい」の心境をリアルに体感すること請け合いです。

◇地域の少年キャンプ

ファミリーキャンプもいいですが、本書で提唱するキャンプ体験を通じて「社会人基礎力」を身につけるのに最も有効なのは、やはり地域の子ども会活動に関連するキャンプ、いわゆる「少年キャンプ」が断トツです。

青少年育成のための人的サポート……、例えば江東区の少年キャンプの場合、プログラム進行するジュニアリーダーというキャンプや、子どもの扱いの経験豊富なお兄さん・お姉さんのほかに指導員講師やバックアップの育成者が運営しますので、親がキャンプ初心者でも安心して子どもを預けられます。また、行政から事業運営費の補助があったりもするので、参加費用の経済負担も少ないです。

江東区では地域別に９ブロックで場所やプログラムを企画し運営しています。ちなみに私が関わっている江東区西部地区のキャンプ実施概要を参考までに掲載します。左記は海でのキャンプの例ですが、山のキャンプ・川のキャンプといった具合に３年サイクルで回して会場設定をしています。リピーターの子どもたちに、それぞれ環境の異なったそこでしか味わえないキャンプ体験をしてもらうためです。

〝自然を身体いっぱい感じよう！〟

自然の中でテントでの生活や食事づくりを通じて、仲間と一緒に汗を流すことの楽しさや尊さ、協力し合うことの大切さを学びます。また真っ赤に燃えるキャンプファイヤーを囲んで歌ったり踊ったり、そしてハイキングなどのレクリエーションを通じて、自分自身と自分以外のお友だちの個性や素晴らしさが改めて発見できることでしょう。

〈募集要項・例〉

1 主催：江東区・江東区青少年委員会
2 主管：江東区少年団体連絡協議会西部連合会
3 後援：江東区青少年対策白河地区委員会
4 場所：千葉県南房総市富浦町　たいぶさ岬自然公園キャンプ場
5 期日：平成29年8月4日（金）～8月6日（日）2泊3日
6 対象：小学校4・5・6年生
7 定員：50名
8 参加費：7000円（保険料込）
9 交通：集合場所から大型バス
10 集合：森下公園
11 出発：4日8時
12 解散：6日16時30分（予定）

13　交通手段：指定集合場所からキャンプ場まで「バス移動」
14　生活：テントでの野営、キャンプファイヤー、ハイキング、炊飯活動など
15　指導：専門講師、キャンプカウンセラー（大人）、ジュニアリーダー（中高生以上）

募集については、一般的に夏休みに入る1ヶ月ぐらい前に、小学校や公報に掲載されるほか、インターネットで情報発信しているケースもあります。

◇その他のキャンプ

地域の少年キャンプ以外にも、野外教育として、正式に日本においてキャンプを普及振興している公益社団法人があります。日本キャンプ協会です。設立は１９６６年、渋谷区代々木の国立オリンピック記念青少年総合センター内にオフィスがあってNational Camping Association of Japan（ＮＣＡＪ）として、国際キャンプ連盟、またアジアオセアニアキャンプ連盟にも加盟している団体です。

さらに全国に都道府県キャンプ協会、例えば東京都キャンプ協会、千葉県キャンプ協会……というように各地に組織があって、そこでより細かなそれぞれのキャンプ活動や地域活動をサポートしていて、日本キャンプ協会は、これら都道府県キャンプ協会間のネットワークを通じて情報の共有や指導者の育成、また交流を図るなどの活動を行っています。

日本キャンプ協会　http://www.camping.or.jp

キャンプ関係の団体としては、ボーイスカウトやガールスカウト、日本ＹＭＣＡ同盟などがポピュラーですが、都道府県それぞれのキャンプ協会のホームページには、そこに加盟する多くの民間団体やキャンプに関連する企業の情報が掲載されています。それら団体独自で募集しているキャンプも数多くあって、特化されたテーマや参加対象など特徴あるユニークな企画もあるので一度ご覧いただくと良いかもしれません。

またそれとは別に、公益社団法人で全国子ども会連合会という組織も同様に各都道府県で子ども会連合会が組織されており、そこで主催するキャンプもあります。

キャンプに必要な持ち物

少年キャンプ参加にあたり、どんな持ち物の準備があるか紹介します。これら持ち物を通じて、そのキャンプの意図やプログラム内容を推し量ることができます。下記は、先ほどの平成29年西部地区の海キャンプの持ち物リストです。その用途もなるべく記載しています。

持ち物①…サブバッグに入れるもの

＊　サブバッグはリュックとは別にバス乗車時やハイキングなど常時に使用します。

・水筒（大きすぎないものをサブバッグに、ペットボトル不可）
・タオル（２～３枚、１枚はサブバッグに）
・帽子（野外ではかぶることを原則とします）
・ハンカチ・ちり紙（ポケットに）
・エチケット袋（乗り物酔いしたとき用）
・ビニール袋（濡れたものや汚れたもの用）

・レジャーシート（昼食時等の敷物）
・雨具（カッパと折りたたみ傘の両方を）
・軍手（綿１００％のもの、ゴムのイボイボのは火に溶けるので不可）
・筆記用具（鉛筆・消しゴム・メモ帳を）
・キャンプのしおり（プログラムや時間割り、歌集もついています）

持ち物②…リュックサックに入れるもの
・着替え（２泊３日分の日常着と下着）
・替え靴下（２泊３日分　多めに）
・長袖長ズボン（２組　炊飯活動やファイヤー時に使います。化繊《かせん》は避けるよう）
・水着と水泳帽（海で泳ぎます）
・浮き輪（泳力に自信があっても持参を）
・水着の上に着る服（日焼け防止・濡れてもよいものＴシャツ可）
・寝るときの服（ねまき・ジャージなど）
・ふきんとぞうきん（食器用とテント内用など）
・懐中電灯（テントの中や夜のトイレ、ナイトハイクなどのとき用）
・洗面用具（歯磨き粉・歯ブラシ・タオル）
・防虫スプレー（虫刺され防止・かゆみ止め）

・新聞紙（朝刊１部程度　かまど用）
・寝袋（テント内で使用　タオルケットや毛布でも可）
・牛乳パック（１ℓのものを開かずに２個　最終日の朝食にアルミホイルに包んだホットドックを入れて燃やします）
・食器（カレー用皿・お茶碗・汁椀・サラダ用など・コップ・スプーン・フォーク　割れやすいものや紙皿は不可）

保護者はどうすればいい？

少年キャンプに子どもを参加させることにしたものの、初めてだから心配……という保護者の方々もいると思います。そのような方々向けに概要説明と不安解消を目的に、少年キャンプ1ヶ月前ぐらいに親子で出席する事前説明会を行っています。お願い事もありますが、一方的な情報伝達にならないよう相互の情報交換含め、これは参加する子どもとは違った意味で、安心感と期待感を促すイベントでもあります。

江東区西部地区では、小学校をお借りして保護者説明は会議室や図書室で、子どもたちは体育館で……といった具合に別々のスペースで事前説明会の時間を費やします。

参加する子どもたちにはジュニアリーダーのお兄さん・お姉さんが、アイスブレークとなるレクゲームを経て、編成された班メンバー同士の顔合わせや自己紹介ゲームなどの交流、そして班内での役割分担を決めるなどして単に内容と注意事項の伝達に終わらない対応をしています。

保護者に対しては、育成者や指導員がプログラム内容や日程説明、参加にあたっての持ち物説明と解説のほか、経験を積んだスタッフ体制による運営がなされることをご理解いただきます。家庭はもとより学校でもできないようなキャンプならではの体験機会がこの２泊３日に詰まっている……という期待を膨らませていただけるのではないでしょうか？

また、説明会では、実施前の不明点をＱ＆Ａのような形で補足説明しています。最近では、保護者自身もアウトドア経験が乏しかったりするので、会場ではいろいろな率直な疑問や質問、要望が出てきます。例えば、「お風呂の時間がないようですが、丸２日間風呂に入れさせないのですか？」なんてね。そこを昔ながらに「２日間風呂に入らないでも死にやしませんよ！」と笑い飛ばしてしまうと問題になりかねないので、誠意をもってにこやかに回答します。「キャンプ中での水遊びプログラム後にシャワータイムを設けたり、わが西部地区では、ドラム缶風呂をトラックで運んで希望者には入ってもらったりしています。結局子どもたち以上に育成者のほうが楽しんだりしていますが……」と。

様々な質問の中で最も多いのが健康上のものです。それに対しては、当日までに提出いただく「健康カード」があります。そこには、食物や虫のアレルギー、乗り物酔い、また服用している薬などの項目があるので、該当箇所を記入してもらいます。そこに記載されたいろいろ細かな内容を見るにつけて、「特に問題なし」という子が近年少なくなったなぁという印象です。食物アレルギーや動物アレルギーも多岐にわたっているので注意が必要。書かれた情報は関係者内で共有し、その都度確認しながらプログラムを行っているのは言うまでもありません。

また西部地区での少年キャンプでは、予行演習と称して家でのお手伝いの習慣づけ、また親子コミュニケーションを図るツールとして、事前説明会時に独自で次のようなプリントを保護者に渡しています。

〈保護者の皆さまへ〉

このたびは、西部地区少年キャンプへのお申込み、並びに事前説明会へのご参加ありがとうございます。初日を迎えるまでの1ヶ月間……、出来る限りでよいので下記の項目について各ご家庭でキャンプ前の練習やご指導いただけましたら幸いです。

またお手数ですが、各項目に対してお子様のキャンプ開始時のレベルについてできる（◎）・少しできる（〇）・ちょっと不安（△）・できない（×）・やらなかった（－）の箇所にそれぞれ印をつけて、キャンプ当日朝、健康カードと一緒にご提出いただけますでしょうか？　班活動での参考にさせていただきます。

注：＊刃物や火は横での付き添いが必須です。

＊単独ではしない・させないの徹底をお願いします。

〈チャレンジシート〉

～どこまでできるかな？？～

①食べたあとの食器のお片付け

…油ものとそうでないものを見分けながらだとさらにＯＫ！（　）

②食器を洗う
…なるべく水が節約できるように手順も考えよう！（　）
③玉ねぎが切れるかな？
…滑りやすいから注意ね（　）
④ピーラーを使ってニンジンをむいてみよう
…自分の指や手をむかないように注意してね（　）
⑤包丁でジャガイモの皮をむいてみよう
…へこんだところもできるかな？（　）
⑥サラダを上手に盛れるかな？
…レタスをちぎる、きゅうりをそえる、いろどりも考えて（　）
⑦ご飯や味噌汁を上手に食器によそえるかな？
…人数と分量も考えてね（　）
⑧お米を研ぐ
…キャンプでは飯盒《はんごう》というもので2〜4合を炊きます（　）
⑨マッチを擦って火をつけてみよう！
…キャンプではチャッカマンは使いません！（　）

——このような感じです。

これまでの傾向としては、⑤のジャガイモ、次に⑨のマッチ、そして④のニンジンが至難のワザ・ベスト3ですが、全体的に効果大です。

チャレンジシートの利点は、初めてキャンプに行って困らないように……というよりも、非日常的なこのイベントをきっかけに、子どもが自然な形で日常的な家でのお手伝いをする、または習慣づけられることです。

大人も子どもも、普段やっていないことを新たに始めるのは、心理的なハードルが高いものです。このシートは、さらなる親子のコミュニケーションにも一役買います。キャンプ開始前の1ヶ月間、日常の中にチャレンジテーマをうまく散りばめるなどして、お手伝いをさせながらキャンプの期待感を盛り上げる、そして褒める回数を多くするのです。

気をよくした子どもは、実際のキャンプの場でも率先して手を挙げます。そして、協同作業の中でそれを堂々と披露してみせる子どもの姿を私は毎年何人も見ています。これもキャンプ参加による子どもの自信を広げてゆく大きな仕掛けでもあり効能の一つといえるでしょう。

事前だけでなく、むしろキャンプ中にこそ、今ごろ楽しんでいるだろうか？　班の中でみんなと仲良くやれているだろうか？　家で練習したチャレンジシートの成果は出せているだろうか？　とわが子に思いを馳《は》せながらやきもきされるのが親心というものですよね。

江東区西部地区では、キャンプ中の様子をデジカメで撮影し、すぐに専用のブログにアップしています。こうすることで、親御さんも自分の子どもが今どのようなプログラムで何をしているのかをほぼリアルタイムで知ることができます。過去にはなかった情報化社会、ＳＮＳ時代ならではの対応です。バスが出発してからキャンプ期間中の様子を近況報告という形で配信しています。帰りのバスの渋滞状況もお知らせしているので、到着時刻に合わせてお迎えができるという理由でも大変好評です。こうした取り組みも、パソコンやウェブ関係に強い育成者がいてこそできることです。それぞれの工夫と個性を活かしあって、夏の少年キャンプは運営されています。

さらに、保護者の方々には、子どもがキャンプから帰ってきたら必ずしてほしいことがあります。それはその後のフォローです。

何をしてきたのか？　その時どう考えて、どう感じたのか？　他のお友だちはどうだったのか？　などなど聞き出していただきたいのです。実際にブログでの写真を見たりして事前に概略を知っていたとしても、ひけらかすことなく聞いてみてください。仮に子どもが億劫《おっくう》がってもそのまま終わらせないことが大切です。ここは是非とも根ほり葉ほり、どうだったかを小出しにでも帰宅して記憶がホットなうちに聞き出してほしいものです。帰りの道すがらでジャブを、帰宅してお風呂上りのサッパリタイムにさらにチョッカイをかけ、仕上げはみんなが揃っている晩ご飯のときにテレビを消すなどして時間をたくさんとってみてくださいね。タイミングを見計らってしつこく聞くこと。でも、尋問みたいにならないようにしてください。

面白かった話、楽しかった話が前面に出てきたらそれはそれでよいのですが、先に述べた通り、キャンプという代物は苦労の連続だったハズなのです。その大変さをカウンセリングマインドをもって、ゆっくりと聞いてあげてください。つまり、親としての評価コメントを封印しながら、大変だった話は「大変だったのねぇ」という顔で、楽しかった話はその出来事について本当に楽しそうな顔で聴いてあげるのです。これが大切です。するといつも以上に子どもは饒舌《じょうぜつ》になるに違いありません。日頃あまりしゃべらない子であればあるほど、気持ちよく話させるような聴き方をしてあげることです。間違いなく子どもは新しい経験と発見を手にしてきたのですから……。その中で、森の昆虫や植物などに興味をもった様子があれば、図鑑をプレゼントしてもいいかもしれません。自然の中での行動には、テストのように「正解」はありません。ですから、子どもが話してくれた感想がどのようなものであったとしても、すべて受け止めてそのまま興味を持って返してあげましょう。「へー、どうしてそう思ったの？」っていう感じです。やりとりの中では、子どもに対してはもちろん、過ごした時間やキャンプそのものに対して評価をしないように努めることも大切です。良し悪しやそのことに対する否定や批判といった評価は別枠のものと考えます。評価についてはその話をもとに、主催・運営側の育成者にしていただきます。表面化しなかった事実の一つとして、意見としてお聞きするようにしています。実際にこれまでお叱りの声もあったりします。うちの子どもに聞いたらこんな嫌なことがあったそうですが、どういうことなんでしょうか？　といったものです。事実関係の追及よりもそれらは主催側にとっては貴重な意見として捉えます。今日の少年キャンプは、そういった参加者の反応とともに保護者の方々からの率直な声も参考にして推進したりして手を加えたりして厚みを持たせてきました。それら次回に活かしながら今日に至っているのですね。

第2章

ジュニアリーダーを知る

ジュニアリーダーとは何か？

キャンプ経験こそが「社会人基礎力＝生きる力」を育むにもってこいの機会であることをここまで述べてまいりました。次に、キャンプの話と並行してたびたび登場してきたジュニアリーダーのお兄さん・お姉さんについて触れてまいります（以後文中でＪＬと略すこともあります）。

もし、ファミリーキャンプや少年キャンプによって、これまでなかった楽しさや面白さに触れ、少年キャンプに２回、３回と参加するようになったら、ぜひＪＬの世界に子どもを導いてほしいです。

ここでは、ＪＬが地域においてどのような関係性を持っているのか？　彼ら彼女らが主にどんなきっかけや流れでこの活動に関わるようになったのか？　新たにＪＬになるためのプロセスは？　また、活動を通じてどんなスキルや専門性が磨かれ、その延長線として将来ＪＬがどのような存在になり得るのか？　そしてＪＬ経験がさらにどのような社会的広がりの可能性を秘めているか？　など実例も踏まえて述べていきます。

まずは、ネット検索ウィキペディアに掲載されていた「ジュニアリーダー」の内容を紹介します。

・・・

ジュニアリーダーとは、子ども会を中心に地域活動を行う青少年のことをいう。（小学生）中学生や高校生を中心に活動しており、地域差はあるものの、おおむねこの年代を「ジュニアリーダー」と呼んでいる。ただし、大学生や社会人年齢相当の者を含めて「ジュニアリーダー」と呼び表したり、別の呼び方をする場合もある。「ＪＬ」や「ジュニア」と略す言い方も多い。

子ども会のお兄さん・お姉さんとして、子どもたちの自主的な活動を下支えするリーダー的な役割を担う。具体的には、子どもたちの話し合い活動や遊び活動が円滑に進むようにアドバイスしたりサポートしたりする。また、子ども会の育成者・指導者などの大人に子どもたちの意向を伝えたり、交渉したり、逆に育成者の意向を子どもたちに伝えるような橋渡しの役割を担う。

さらに、子どもたちと一緒に遊ぶためレクリエーションをしたり、キャンプなどでテントの設営・野外炊飯・キャンプファイヤーなどの指導を行ったりする。

ジュニアリーダーは、地元地域ごとにクラブ・サークルなどの団体を設立運営している場合が多く、ジュニアリーダーになった中学生・高校生の多くが、これを活動基盤として活動している。

（Wikipedia「ジュニアリーダー」の項目より引用）

・・・

一般の人たちに馴染みのある表現をするなら、子どもイベントや町内会、また地域の大人と子どもたちをつなぎ、子どもたちを楽しませる活動をしているおおむね25歳ぐらいまでの地域密着型のボーイスカウト・ガールスカウトのような人たち……というのが一番わかりやすいかもしれません。

ちなみに、あなたは本書を読む前にジュニアリーダーという言葉やその活動内容をご存知だったでしょうか？

江東区で２０１５年夏に実施された第1回区政モニターアンケートの結果を見ると、残念ながら子ども会活動への関心の度合いを含めて、その存在があまり知られていないのが実情です。アンケート質問項目の一つ、「子ども会の行事では、ＪＬが運営に関わり大人と子どもの橋渡し役を担っています。あなたはＪＬとその活動について知っていましたか？」に対しての有効回答１７４名。活動について知っていたと答えた区民はわずか13・7％にとどまっています。逆に名称は聞いたことがあっても活動は知らなかったとする人は、残念ながら85％にもあたることがわかりました。

全国で活躍するジュニアリーダー

ジュニアリーダーの真価が大いに発揮され、子どもや社会全体にプラスの影響を与えるのは何と言っても「キャンプ」です。

キャンプ場はJLにとって、演劇で言う舞台であり、サッカーで言えばピッチ。プログラム全体の中での自分の役割と流れに応じた動き、そして、想定外の事態に対する臨機応変な対応、個性や磨いたスキルなどその専門性をいかんなく発揮してくれます。仕事だから、と仕方なくやらされているのではありません。キャンプという場を通じてイキイキと自分の腕の見せどころとばかり楽しそうに自己表現しながらそれぞれの役割を果たしている……という感じです。

班付きのリーダーは、班の子どもたちの動きのとりまとめや生活上の世話、また健康管理を。その他のリーダーは、各プログラムの円滑な運営進行担当者として、子どもたちの前で内容や注意事項の説明、そして具体的指導にあたります。ゲームを行う際にはみんなを盛り上げ楽しませる演出を行います。一方で、プログラムの表舞台とは別に、運営の裏方として必要備品や会場設定の準備のバックアップや火の始末ほか後片付けなどフォローの役割にまわるリーダーもいます。それ以外にも、本部テントを拠点として予定変更の情報提供の徹底を含めてプログラム全体を統括する司令塔のようなリーダーもいます。

キャンプの運営、プログラム進行において、ＪＬは子どもたちの様子を見ながら時間管理・安全管理・健康管理を行いつつ、地域の大人・育成者と子どもたちとのパイプ役としての役割を果たします。子どもたちと触れ合う中で直接耳にしたこと、またリーダーとして感じた課題や提案を大人たちへとフィードバックし、緊急時においては、正確な情報を大人に伝え、育成者を通じて保護者に連絡をお願いする、といった対応もします。

このように子ども寄りの位置でありながら、大人との連携において大人だけでは到底できない役割を担っているＪＬは、地域における極めて優秀な中間管理職の役割を果たしています。想像してみてください。あなたの部下の中に、現場を正しく理解し、異言語の通訳や翻訳機能を持ちながら、かゆいところに手が届く配慮と動き、そして目的遂行に向けて報告・連絡・相談を確実にしながら任務を遂行してくれる社員がいたら……と。こんなありがたい存在はありませんよね。

またＪＬの活躍どころはキャンプ場だけにとどまりません。区の主催事業や町会・その地域にある児童館・文化センターが主催する子どもイベントなど多岐にわたります。

さらに、区内の活動だけでなく、全国的な子ども会事業のお手伝いや勉強会に参加することもあります。例えば、全国子ども会連合会（全子連）主催の「全国ジュニアリーダー大会」や「全国子どもまつりイベント」、また各都道府県――東京であれば東京都子ども会連合会（都子連）主催の「自然体験活動イベント」「子ども会指導者養成講習会」などがあります。地域や東京を代表して、こういった場に参加することになるので、活動そのものの視野が広がるきっかけになります。自分がこれまで取り組んできた活動が、自分の活動拠点だけのスポットではなく、全国的なものであることに喜びや安心感を覚える場でもあるのです。井の中の蛙《かわず》でなく大きな池で他流試合を経験するようなものです。新しい仲間が増えてそれがまたよい刺激になります。何といっても地域ごとに活動しているJL同士が同じ価値観を共有できる場ですから、知り合った仲間の交流によって、活動が全国のネットワークとして広がるよい機会になります。全国のリーダーが持ち寄ったレクリエーションゲームを披露しあうことによって、参加したリーダーがこれまで地域では知られていなかった新しいゲームを持ち帰ることで、ゲームのレパートリーが増えて、新たに定着することもあります。

かつてJLだったメンバーがお父さん・お母さんになって年中行事のイベントに我が子の手を引いて、または乳母車に乗せて「こんにちはー」と顔を出してくれることもあります。すっかり大人顔になり年相応に老けていますが、昔の中高生時代の面影が残っています。OB・OGの子どもたちは、将来のJL予備群です。世襲制度はありませんが、現役JLにはすでに二世も複数名登場しています。あとから聞いて、「あはは本当だ、現役時代のアツコの面影、話し方やちょっとした仕草もアツコそっくり！」とつい笑ってしまいます。

ジュニアリーダーになるメリット

JLになるメリットは、「生きる力」の底力が身につくことです。単なる力ではありません。底力というのは、普段は顕著に表面化されていなくとも、必要な時に、ここぞという場面で、大げさに力むことなく発揮される本質的な奥の深い力です。その力は自分の人生を自分で切り拓いてゆける力であり、自分自身と周りを幸せにする力です。どうでしょうか？　この見過ごせない力について興味津々ではありませんか？　それをこれまでの実績を含めて紹介します。自然や生身の子どもを相手にし、様々な年代の大人との関わりをもつという現場経験により育まれる力。そして時には失敗したり、周りに迷惑を掛けたりしながら、自分の力量や仲間のありがたさを痛感することの繰り返しで作られ、そして磨かれる力の大きさは計り知れません。その力を積み上げるポイントとなる経験は第1章での「3つの関わり」と同じです。

自然に触れ、自然に親しみ、その美しさ・雄大さ・尊厳を体感し、自然との共生を考える機会を多く持てる**自然との経験**が一つです。次に、子どもと大人の双方を相手にしながら、決して表面的でないコミュニケーションと組織運営を机上の理論だけでなく、現場で生身の多様な人との関わりを通じて身につけていく**人との経験**が二つ目。そして、自分や他者の持ち味や魅力に気づき、一つの専門性として磨きをかけながら自分の存在感を表現し、自分自身を高めてゆこうとする**自分との経験**の３つです。

さらに言えば、キャンプ本番もさることながら、イベント当日を迎える前の目に見えないところでの企画や会議、準備などといった一連の**組織運営の経験**も大きな力になっています。自分のことしか考えられない若者の中で、中高だけで6年間もすでに組織全体のことを考える経験をしているのです。

そのような実社会の縮図のような現場と組織の両方の経験を、複数回何年も積み上げている若者の将来のことを想像してみてください。例えば、彼ら彼女らの高校卒業後の進路についてです。学校選びや職業選びの主導権は、親から敷かれたレールに乗っかって……ではなく、明らかに本人の将来のビジョンや意志が反映されるのではないでしょうか？　こういう環境の中で自分自身の時間を費やしてゆきたい……と意思表明ができる人。そういう人のことを「自分の生き方をデザインできる人」と私は呼びます。

一般の若者はどうでしょうか？　恥ずかしながら私自身もそうですが、受験し合格したところの大学生になり、大学時代をそこそこ謳歌《おうか》し、マスコミ情報や時代のトレンドの中で右往左往して、何をしていいかわからないながらも就活という名の下にいよいよ重い腰を上げます。確固たる希望もないまま何となく自分の好きな仕事に就けたらいいなとか、興味のある会社に入れたらいいなという気持ちで、とりあえず業界研究や企業研究を始めます。下手な鉄砲も数打てば当たるのでは……、とやみくもにエントリーシートをコピペで作成し、それを会社訪問の種のように、撒けるだけ撒こうとする。または、慌てて就活を機に自己分析を始めて、アルバイトやサークルでの実績が大してないからと、就職に有利と言われているボランティア活動や企業でのインターンシップに応募して実績の体裁を整えようと努力する……。そのような昨今の一般的な若者との差を較べてみてください。

キャンプ経験を主体としながら、ＪＬ経験を積み上げている若者は、学生でありながら、すでに自分の得意分野や持ち味を理解しつつ、社会における自分の活かし方のイメージをもち、組織や社会における企画運営の実務経験者、そしてリーダーの名の下に人を動かす役割を担ってきた管理経験者です。すでに社会経験をもつ学生が就職活動をしているようなもの。そういった人材を社会や組織が放っておくハズがありません。

しかも、自分の進路を自分で決めているので、仕事そのものの考え方が違います。仕事だからやらなければならない、お金のためにやらなければならない……というのではなく、つまり、やらされている感・動かされている感よりも、自分の得意分野を活かした自らの使命感で仕事をします。周りから仕事しすぎ……と言われても、本人からすれば「1日24時間」の自己管理、つまり時間管理と健康管理を考えながら、ＯＮ／ＯＦＦの切り替えをうまく行える人になります。

このように、キャンプ経験は、小学生からサッカーなどのスポーツや、音楽の中での楽器をずっと続けてきたなど、特定の世界の中での経験を積み上げ、突出したものに磨きをかけたものとはまたちょっと違う、いわゆる汎用性と広い社会性のあるバランスのとれた「社会人基礎力＝生きる力」が育まれるということが、改めてここで強い説得材料としてご理解いただけるのではないでしょうか？

ジュニアリーダーになるには

ＪＬ誕生のきっかけになるのは、何と言ってもキャンプに参加した子ども自身が「キャンプは楽しい」「また行きたい！」と感じた瞬間です。理屈や理論ではなく、単純に面白かったかどうか感覚的なものです。

４年生で初めてキャンプに参加した子どもの多くは、その楽しさゆえ5年生や6年生になっても参加します。いわゆるリピーターになってくれるのですね。それは子ども本人だけでなく、親御さんも「キャンプに参加させてよかった」という好評価の賜物《たまもの》と解釈します。

ここで、子どもが初めてのキャンプ体験から、どのような流れでジュニアリーダーとしての道を進むようになってゆくのかを簡単に記します。左記流れの前フリとしてファミリーキャンプ経験があってもよいでしょう。まずは少年キャンプに、騙《だま》されたと思って……と参加させるところから始まります。

①参加したキャンプの２泊３日の生活は大変だったけど楽しかった！

②初めてのいろいろな体験
キャンプで出会ってお世話してくれたＪＬのお兄さん・お姉さんへの興味
・優しく親切に関わってくれる
・面白いゲームをやってくれる
・キャンプ生活に必要なことをたくさん教えてくれる
・カッコイイ

↓

③またキャンプに参加したいと思う

↓

④翌年のキャンプで前回と違う自然体験、違う友達や違うＪＬとの出会い

↓

⑤自分もＪＬのお兄さん・お姉さんみたいになれたらいいなの気持ち
・もっとキャンプをしたい、キャンプのことを知りたい
・この活動を通じてまた素敵なＪＬに会える
・自分もゲームを覚えてみんなの前でやってみたい
・キャンプ以外のイベントにも関わってみたい
・制服を着てみたい

江東区では、こうした子どもの実体験や印象がホットな夏休み終了後の9月から「ジュニアリーダー講習会」を開催しています。これは、区の青少年課の地域連携係、区内の町内や学校子ども会活動を支援する江東区少年団体連合協議会（江少連）、そして江東区青少年委員会の三者連携共催によるものです。初級コースが修了すると、次の新学期が落ち着く5月から中級コースの受講と実習があります。そして初級と中級コース合わせて1年半の講習を修了すると、江東区ＪＬとして認定される仕組みになっています。

ＪＬとしての認定は、一定の講習受講の基準時間を満たすことが必要です。江東区以外でも、各地域で定めたＪＬ養成講習会があって、受講によってＪＬ認定がなされます。一般社団法人全国子ども会連合会（全子連）によるＪＬ認定証もありますが、各地域独自の基準でＪＬを養成し、認定する形になっています。江東区では中級コース修了認定証の授与とともにこのタイミングでＪＬの制服一式の貸与も行います。

江東区でのＪＬ育成フォロー体制としては、デビューしたてのＪＬに対しては、上級コース研修会と称して5月から3ヶ月、夏の本格的な地区キャンプシーズン到来前に、キャンプを中心としたスキルアップのための理論と2度の実習を行っています。キャンプの魅力を伝えた上で、具体的なスキルアップに必要なのはとにかく経験し場数を増やすことであり、いろいろなキャンプにできるだけ参加することである……と私は伝えています。自分の知らないことをまずは多く知ること、次に知ったらできるようになること、さらにできることを教えられるようになることの積み重ねなんですよ……と。そしてそれを少年キャンプシーズン到来前に実体験してもらうようプログラムが組まれており、そこに多くのＯＢが関わって運営しています。「ジュニアリーダー講習会」の内容と流れはおおよそ次の通りです。

⑥ＪＬ初級講習会
９〜２月に月に１回全６回の受講（江東区の場合対象は小５〜中１）
その前に、８月からお試しとして１時間半の講習会体験会を計６回実施
講習会オリエンテーション「講習会について知ろう！」
宿泊研修オリエンテーション「団体生活に慣れてみよう！」
２泊３日宿泊研修「自然体験を楽しもう！」
　グループワーク／館内外オリエンテーリング／生活講座／ナイトハイク＆ネイチャーゲーム／かまど＆クラフト講習／プロジェクトアドベンチャー（野外協力ゲーム）／キャンドルファイヤー（キャンプファイヤーの室内版）など
レクリエーション講習１「ゲームのやり方を学ぼう！」
レクリエーション講習２「スタンツ（寸劇）のやり方を学ぼう！」
初級中級合同交流会・閉講式「中級生と交流しよう！」
↓
⑦修了認定されるとさらに翌年ＪＬ中級講習会

5～2月の月1回全8回受講（江東区の場合対象は小6～高3）
講習会オリエンテーション「あらためてJLについて知ろう！」
キャンプオリエンテーション「野外活動について学んでみよう！」
1泊2日キャンプ実習「キャンプの技術を身につけよう！」
創作活動「クラフト指導を学んでみよう！」
宿泊研修オリエンテーション「宿泊研修の準備をしよう！」
2泊3日宿泊研修「一丸となってがんばろう！」
　館内外オリエンテーリング（準備含）／ゲームプランニング研修／星座観察／プロジェクトアドベンチャー（チーム体験学習）／スタンツ（キャンプファイヤー等でのグループ寸劇）の講義・リハーサル・本番など
初級からの振り返り「交流会発表の準備をしよう！」
初級中級合同交流会・閉講式「初級生と交流しよう！」

⑧中級修了認定者への宿泊研修会
3月に1泊2日　レクリエーションのスキルアップ
ゲーム・ソング・ダンス「自分にできることを学ぼう！」
←
⑨認定式でJLとしてデビュー・制服一式の貸与

４月江東ＪＬＣ総会時
↓
⑩ＪＬ上級研修会
５～７月に全５回（新ジュニアリーダー対象）
講義「ホップ！ステップ！キャンプ！キャンプの魅力を改めて知ろう！」
デイキャンプ（かまどの使い方・炊事調理の仕方）
キャンプ説明会（概要説明・ジュニアリーダーによる講義）
２泊３日キャンプ（テント設営・キャンプファイヤーほか中級生への初指導など）
キャンプ評価会（振り返り・意見交換・次回につなげる要望など）

こうしたプロセスを経て、まず地域のキャンプに参加した子どもがＪＬデビューを果たします。年齢と経験を重ねるにつれて、ジュニアリーダー活動の先輩として年長やＯＢに、さらにその指導者へと成長していくのです。

高校生以上をシニアリーダーという名称で呼ぶ地域もあって、全子連『子ども会 Step Up for Junior Leader's』の本によると、経験によるスキルアップを段階的に図るようＪＬの中にさらに「初級」「中級」「上級」クラスを設けて、講習などを行っているようです。全国的な基準としては、初級ＪＬはおおよそ中学1年生以上、中級は中学2年生以上、高校生以上を上級ＪＬとしているのが一般的だそうです。

●宿泊研修で学ぶこと

ＪＬ宿泊研修は、コースによってプログラムの違いはあるものの、参加した子どもたちにとって学校だけでは学べない大きな学習の機会です。中級生は1年前に初級生として経験し学んだことが土台にありますから、さらなるテーマの中でステップアップを図ります。

バスは単に移動のための手段だけでなく、交流・コミュニケーションを図る場です。車中ではバスレクを行いますが、自分が楽しむだけよりもう一歩高い問題意識で臨んでいます。先輩ＪＬの披露するゲームを通じて、知る→やれる→楽しませる……を模索するのですね。

安全の為に今はバスガイドのような対面は難しくても、工夫によって座ったままできるゲームを高速道路など道が安定した時間帯を見計らって盛り上がります。先輩ＪＬは、アドリブも効くしゲームも種類の引き出しがたくさんあるので、突然指名されても持ち時間や同じような出し物が被らないかを瞬時に考えて披露します。ポピュラーなゲームでも自分流にアレンジして新しいものにしたりもします。

「こんなゲームがあるんだ」

「こういう説明の仕方をすればいいんだな」

「こうやって盛り上げるのか～」

などなど、初級や中級の受講生の子どもたちはバスレクを楽しみながらも、「自分がやる場合にはどうするか」を考えながらＪＬの話を聞いています。指遊びなどは自分ができるだけでなく、速い動きにも対応できるようになり、さらにゲームとしてみんなの前で披露できるレベルになるにはかなりの練習が必要です。リーダーにそういうゲームをどこで習得しているか尋ねたことがあります。一人の時、例えばトイレの中などで練習を積んで身につけたのだそうです。陰のそんな努力の賜物なんですね。自分の楽しむレベルから、楽しませるレベルへ、そして楽しませて自分が楽しむレベル、さらにはそのゲームを自分の後輩が習得してみんなを楽しませているのを見てまた楽しむレベル……と、ＪＬの研修や講習会にはその習得レベルに応じた楽しみ方も変化があるようです。誰に言われたから……というわけでもなく、こういった楽しみ方もいわば当事者意識の積み重ねによって生まれてくるわけで、社会人基礎力でいう「主体性」を知らず知らずのうちに鍛えている例の一つでもあります。

●初級生の個人目標

初級生が講習や研修がスタートする前に、自分で立てた目標のベスト3はおおよそ次のようなものです。

・多くの友だちと仲良くなりたい
・人前で恥ずかしがらずに大きな声で話せるようになりたい
・もっと積極的に自分から話しかけられるようになりたい

私は、初級生に対しての最初のグループワークを長年担当しています。オリエンテーション後、学校の違う初級生だけでも約60人が初顔合わせをするので、まずは子どもたち同士で自己紹介してもらうのです。

自己紹介と一言でいっても、初級生は小学5年から中学1年の子どもたちで構成されるので、その捉え方も様々でなかなか難しい作業です。もちろん自分の名前とか学校は言えますが、それはあくまでも外面的なものにすぎません。つまり、私たちが一般的に行う自己紹介は自分の所属や住んでいる場所、取り巻く環境を紹介しているのであって、結果的に所属紹介を自己紹介にしてしまっているのです。真の自己紹介とは「自分はこういう人間なのです」と相手に伝え、興味と印象に残る情報を伝えるもの……というのが自己紹介プログラム冒頭の説明です。

そこで、準備・仕掛けを用意します。まずは、紹介するための自分を知るためのアンケート用紙です。「好きな食べ物は何か」など質問がいくつか並んでいます。さらに「なぜ自分はその食べ物が好きなのか」「その食べ物にまつわる思い出」などその食べ物に関するテーマをどんどん膨らませて記入してもらう質問が続きます。最後の質問が「自分が言われて嬉しい言葉は何か」です。このアンケート用紙に書かれたものこそが自分のことであり、それには正解も不正解もなく、誰からも否定されることのない、その人ならではのものです。それら質問に沿って自分なりに考え、回答することで、自己紹介の題材をまずは用意します。

次に使う道具は色とりどりの風船です。ジャンケンで勝った班からめいめい自分の好きな色の風船を選ばせます。風船たった一つ選ばせるだけで結構な盛り上がりをみせるものです。そしてメンバー全員が手にした風船に今度は、今の心境や期待といったものを風船の大きさで表すよう指示します。みんな一斉に、深呼吸してぷぅ～と風船を膨らませます。なかなか風船を膨らますことができない子がいたり、途中手がすべってプシュ～ッとどこかに風船を飛ばせてしまったり、目いっぱいの大きさの限界を超えてパァン！　と破裂させてしまったり、膨らませたあと結べなかったり……。サッサと早くできちゃった子はじっとしていられないので勝手に遊び始めます。全員が膨らんだところで、その風船にマジックで名前とアンケートのエッセンスとなる単語を書かせます。まぁそこまでの準備に時間が掛かること掛かること。

そこまでできたところで自己紹介タイムです。まず同じ班の中で風船に書かれた食べ物やエピソードなどを紹介し合います。次に同じ色の風船同士や誕生月同士など集まる条件を付けてゆきます。地区や学校など関係なく男女ランダムにグループ分けされますので、初対面のメンバー同士で本当の自己紹介をし合って、新しい友達との友好関係をつくります。全体では、今度は風船の大きい順に並んでもらって輪になります。人の期待や気持ちは見えないですが、それぞれの顔とともに思いが色とりどりの風船の大きさで表現されています。大きいから、小さいから悪いではありません。その前後のメンバーで情報交換していきます。

テーマがあって、そこから発想したり、エピソードを思い返したりして、自分という人間を改めて理解し、その自分を表現していく。そして自分のことばかり伝えるのではなく、自分以外の周りの人に興味をもって、人の話を聞くこと。これもまた社会で必要な能力の練習です。「チームで働く力」の、とくに「発信力」「傾聴力」についてこの「風船自己紹介」は初級生にとっての最初の絶好のトレーニングになると思っています。

●学習目標と振り返りの回数

初級・中級コースに参加した子どもたちは、先輩ＪＬの姿や振る舞いを見ながら研修を受けることで、「ＪＬの世界」を実感していきます。同時に、現役ＪＬも先輩の言動やプログラム運営の場数を積む上で大変良い機会となっています。経験やスキルをもとにした学習目標やその基準を具体的に明文化したもの、例えば企業でいう「職能基準書」のようなものはありませんが、私はＪＬ経験はその人の努力によって培った専門技術であり、スキルをもつ立派な管理職であり、その育成にあたっては、経験・場数に応じた一段一段のステップを上っていく独自の「成長の階段」があると考えています。そして初級生、中級生それぞれその階段を着実に上っている手ごたえを得るために、ただ終わりっぱなしにするのではなく、その都度振り返りをさせます。その成長は彼ら彼女らの感想文に表れています。

（初級生）

「私は１日目の宿泊研修を受けてＪＬってすごいなと改めて思いました。自分でゲームを考えて講習生のみんなを楽しませるなんて大変そうなのに、ＪＬのみんなやっているからです。」

「この３日間たくさんのステキな先輩に囲まれて楽しく過ごせました。特にかまど講習では自分の班付きリーダーが分りやすく教えてくれて楽しかったです。これからはこの経験をいかしてステキなＪＬになるぞ‼」

「３日間、協力を主に意識してすごしました。たくさんの協力を学ぶことができました。今日はレクリエーションダンスを行い、みんなで輪になっておどったことで仲間として楽しめた気がします。」

「私が宿泊研修で学んだことはメリハリをつけ時間を守って行動するということです。できるようになったことは、男女関係なく楽しく遊ぶことです。」

（中級生）

「今日は午前中にハイキングに行きました。私たちはふだん普通に歩いているだけだけど、ＪＬがどんなことに気をつけながらハイキングしているかをよく知ることができました。」

「班の人たちといっぱいしゃべれるようになりました。宿研だけでなく中級講習会でもたくさんしゃべりたいです。この３日間でたくさんの友だちができました。この宿泊研修があってよかったです。」

「レクルームで初級生むけのプログラムのネタを作りました。今回の宿研で初級に教えることの難しさ、楽しさ、そしてスタンツやキャストになってとてもよい経験をしました。」

そして実際、研修や講習を通じてＪＬになった子どもたち、つまり新ＪＬとなった中学生からは、次のような声が寄せられています。

「僕は、講習会を受講するまでは積極的に人前で話すことができませんでしたが、講習会で明るく話しかけてくれる先輩のＪＬたちを見て、少しずつ人前で話せるようになりました」

「講習会では、ゲームやキャンプを通して友達との交流を深めることができました。また、レクリエーションなどを人前でやっている先輩のJLに強くあこがれて、私も人前に立ってやってみたいと感じました。JLになった今では人前に立ち、レクリエーションをやることが楽しいです」

「僕はJL講習会に参加するまでは、同じ学校以外にあまり友達がいませんでした。ですが、講習会に参加し回数を重ねていくうちに、内向的な性格が社交的になり、他校の友達や自分よりも年上のお兄さん・お姉さんとも仲良くなることができました」

JL研修によって、子ども自らがこのような自分になりたい……と立てた目標を達成していることが分かります。そして何よりも、彼ら彼女らのこれからの時間を想像してみていただきたいのです。このような経験をした子どもと、そうでない子どもの将来を……。

このような、宿泊研修や講習会を経てJLになり、さらに年齢や経験を重ねていく「成長の階段」とは、私なりの基準では次のようなものだと考えています。

【ジュニアリーダー1〜3年目（中学生）】

・教えられる側から教える立場・役割になった自覚をもつ
・キャンプをより深く知る（現場に数多く出向き何らかの役割を担う）
・班付きリーダーとして子どもと直接関わり生活面のお世話をする

・協働を通して先輩リーダーの態度や動きを見て学ぶ
・初級生・中級生への講習会でのリーダーとしての模範的態度や行動をする
・研修プログラムや地域活動に協力する

【ジュニアリーダー４年目以上（高校１年生）】
・みんなの手本となる言動をする
・個性や違いやウリとなる自己表現をする
・班付きリーダーや下級生リーダーの相談相手やアドバイスをする
・地域活動やイベント運営進行の実働部隊として活動する
・プログラムが円滑に有意義に行われるようバックアップする
・下級生への分からないことや困ったことの相談窓口や解決への窓口となる

【ジュニアリーダー５年目以上（高校２～３年生）】
・ジュニアリーダーの中心的役割（プログラムの司会進行も含む）を担う
・プログラム運営の準備など裏方として対応する
・後輩への指導、アドバイスをする
・自身へのテーマ課題とそのレベルアップを行う
・緊急対応や臨機応変なバックアップ（次のプログラムまでの場つなぎなど）を行う

・今後の活動の企画運営に生かすための経験（流れや全体を見る）を得る
・頼れる「お兄さん・お姉さん」としての存在感を発揮する
・地域ＪＬＣ活動の定例会や運営・執行を行う

【ジュニアリーダー6年目以上（高校卒業生）】
・円滑なプログラム運営の企画段階からの支援（陰のプロデューサー）を行う
・活動本番での高校生以下の後輩たちの現場活動をフォローする
・主催事務局や職員・講師と現場リーダーとのパイプ役となる
・事故や怪我防止のための安全管理チェックを行う
・緊急事態、事故や突発的なプログラム変更や参加者への柔軟な対応を行う
・スキルアップを目指す高校生リーダーへの身近な相談相手（アドバイザー）となる
・メンタル面のサポートやケア（カウンセリング）を行う

自分が所属する地区でＪＬの一員として活動するのも立派ですが、祝日を含めた3連休に、さらに自分のスケジュールを割いて、宿泊研修に参加するのはなかなか容易ではありません。自分を取り巻く環境の中には、楽しいことや様々な興味の対象、また誘惑といったものに満ち溢れているのですから……。その中で宿泊研修も含めてこのＪＬ活動を継続してくれるメンバーは、やることがないから仕方なく来ているのでしょうか？　直接彼ら彼女らにそれを尋ねた

ら、おそらく「そうなんですよー！」と笑って答えてくれそうな気がします。しかし、その実態は違います。

この世界に足を踏み入れることになったきっかけや、そこでの経験や出会いがそれぞれのメンバーにとって何らかのインパクトがあったのでしょう。そこには、自分の憧れる先輩リーダーの姿があり、夏休みに参加してくるごく普通の小学生たちが、自分が仲間と一緒にいろいろ考えて企画したプログラムそのものに喜んでくれる様子にハマったと、多くのＯＢや現役からのアンケート結果から確認できます。

とくに宿泊研修の場は、夏に行われる地区キャンプの企画や運営そのものに直接関わり、多くのＪＬ仲間と過ごす貴重な時間です。自分や仲間や新しいレクやゲームについてを学ぶ場でもあり、学んだことを試す場でもあります。子どもたちに活動の楽しさを伝え、喜んでもらえた反応や達成感のようなものが単純に楽しいのです。ＪＬ総会の席で、前江東ＪＬＣ会長のマコトは、後輩たちに堂々とこんな話をしていました。

「ボクは大人たちが掲げているような、健全育成とか地域貢献とかそんな難しいことは考えていないです。純粋にこの活動が楽しい。活動できることが嬉しい……。そういう活動なんです！　なのでみんな楽しみましょう！」

活動の積み重ねと振り返りによって、いつの間にか自分が周りから憧れられるリーダーになっていることに、本人はそんな自覚がないようです。しかし、憧れる先輩や仲間との間で確かに受け継がれている楽しさがあります。私が関わってから見る限り、その楽しさは30年以上不変なものです。こんな声もありました。

「本当の楽しさは自分からＪＬ活動に関わることで見つけられます。ゲーム・ファイヤー・レクリエーション……、私も初めは何もわからず不安で何もできませでした。できない悔しさや恥ずかしさから、どうしても出来るようになりたいと思って、自分から先輩に聞いたり、ある時は後輩から教わったり。そんなことを繰り返していくうちに、いつしか自分からゲームやレクを行えるようになりました。初めは誰だって初心者、出来なくて当たり前です。でもそれをどうやって出来るかを考えて行動すると本当の楽しさに出会えると思います」

「私それ苦手なやつー」と言いながらも、実際にその役割を担ってもらうと、言葉とは裏腹にしっかり対応するだけのスキルを持っています。自分でできるけどあえて後輩に託す……なんて技を使う先輩もいます。ちゃんと彼ら彼女らはウラで支援しています。ジュニアリーダーは経験職ですから、活動経験が多ければ多いほど、知識も増え、スキルが高まると同時に自己理解も高まります。つまり、自分の持ち味や専門性、得意とする分野に磨きがかかるのです。

また、チームとしての自分の役割認識や動き方、人の使い方、動かし方、指導の仕方も上手になります。そうやって若手が育つ様子を見る喜びを感じるＪＬやＯＢに囲まれながら、活動の楽しさが継承されているのです。

新米リーダーもアテにすると、何とか都合を調整しながら、２回、３回と継続して研修や講習会にスタッフとして関わってくれます。実際に講習会や研修の手伝いに来てくれる意識の高いＪＬは、子どもたちや受講生を相手に経験を積むことで、さらに教える側として自信をもつようになります。宿泊研修は、初級コースや中級コースの新しいメンバーの学びの場であると同時に、現在のＪＬメンバーたちのレベルアップの場、そしてＪＬ仲間としての結束を強める場でもあるのです。

やったことをそのままにしない……という意味では、「振り返りの時間」で感心させられることがよくあります。宿泊研修の一日の終了後のミーティングの時のことです。事務局と講師・ＪＬ・育成者が集まって翌日のスケジュール確認、事務局からの連絡事項の通達の後に、その日のプログラムや班の動きなどのを振り返りと意見交換があるのです。班付きリーダーとプログラムをバックアップするリーダーそれぞれから報告・連絡ほか、よかった点や反省すべき点など、そして学んだことやこの研修をさらに良くするために自分の考えることや思いなどを語り合います。つい自己反省ばかりの意見が多くなる中で、私は反省点があるなら、それと同じ数だけ今日の自分で自分を褒めたい動きや発見も披露するようお願いしています。そういった際、上級リーダーともなると、その観察力がすごいのです。よくそこまで見ているなぁ、とそのコメントの内容や経験に裏打ちされたアドバイスの的確さには驚かされます。このように、ＪＬの中でも段階を経て、研修成果がそのまま地域の大きな変化に……、大げさに聞こえるかもしれませんが、社会全体にプラスに作用し広がってゆく手ごたえを感じます。

従って、こういった経験を10代にして階段を一段一段上るように積み上げていっているＪＬは、自らの進路を切り拓いて行ける人材であり、組織においても社会においても大事な人材となる訳です。

●地区キャンプで学ぶこと

ＪＬの活躍の場は、地域での年中行事や子ども会などの当日のプログラム運営、そしてレクリエーションの中心者として目立っていますが、ＪＬは、それらイベントの企画段階から関わっています。大人の企画したイベントのサポートではなく、むしろジュニアリーダーが中心になってプログラムを考え、企画されたイベントを育成者の大人がサポートする形なのです。その典型的、かつ最大の腕の見せ所となるのが、「地域キャンプ」です。ＪＬたちが中心となって本番を想定しながら、必要な物事の準備を進めます。

まずキャンプ日程は、新年度がスタートするずっと前から育成者の意向と擦り合わせて決めます。各地区で同じキャンプ場を使用するケースもありますので、日程が重ならないよう調整する必要がありますし、町内では八幡宮や神明宮、香取神社などの夏祭り行事などとの兼ね合いもあります。キャンプ場によって予約申込み方法もまちまちなので、キャンプ場の確保は育成者の役割として早め早めに行われます。

場所の確定のあと5月の連休明けから本格的準備が始まります。まずはキャンプ場の下見です。下見参加者は、大人とＪＬ半々、ワゴン車2台のケースが多いです。特に初めての場所であれば、食材調達のためのお店や医療機関などの確認、ハイキングコースの調査など、本番を想定しながら必要な情報また危険情報などを収集し、実際にテントを張って宿泊します。過去に使用実績のあるキャンプ場では、前回との自然環境や設備などの物理的な変化を中心に確認します。自然環境の中では時期によっても、内容は前回同様……という訳にはいかないからです。そして、基本的なキャンププログラムを下見に行った育成者の情報を中心に骨子を検討し固めてゆくのです。

ＪＬには地区ごとに「会長」がいます。たいていその会長が、少年キャンプの中心者を務めます。会長職は毎年交代しますが、大学生か高校生が行います。会長は自分の学校の勉強やクラブ活動などと両立しなければいけませんので、その負担は決して小さくありません。自分の時間管理もそうですが、同じ地区の中高生リーダーの予定も含めた調整も行っているのですから。相手の気持ちになって考える、人を巻き込む、人を動かす……といった組織の運営経験は、大きな成長の機会になることは間違いありません。

少年キャンプ運営における人材確保……、つまり応援のＪＬメンバーをいかに多く集めるかも各地区では苦労することの一つです。そんなとき、会長やＪＬのＯＢ、大人たちの人脈などで、他の地区からリーダーを引っ張ってきます。例えば、墨田区で活躍しているＪＬだったり、幼児教育の学校時代のクラスメイトであったり、教育関連サークルの大学生に応援をお願いすることもあります。最もポピュラーなのは宿泊研修等で日頃交流している区内他地区のＪＬです。キャンプの日程は地区ごとにずらしてあるので、かけもちして複数のキャンプに関わることもできるのです。

「今度、西部キャンプ手伝ってよ、ちょっと人が足りなさそうなんだ」

「じゃあ代わりにウチのキャンプにも来て～！」

夏のキャンプ前になると、各地区のメンバー間でそんなやりとり……、ＪＬ同士の助け合い運動が始まります。ちなみにわが西部地区では、子どもがテントで就寝したあとの〝夜食〟の豪華さや美味しさ、その充実ぶりを謳い文句にして他地区リーダーの協力者集めをしています。

スタッフの陣容が見えてくると、次にキャンプ運営上の役割分担と主な担当者決めです。プログラム内容の細かな検討は担当間でそれぞれ固めることになります。ある程度の目途がたった段階で全体招集があり、何度かのミーティングを経て、プログラム内容や食事のメニューの最終決定をしてゆきます。大人の出番はその後です。例えば、ひと班は何人構成？　テントやテーブルの必要数は？　調理器具や食材は何をいくつ買い足せば良い？　など、ＪＬからの要望を踏まえて、育成者が対応する形です。経済面と安全面に問題がある場合は、修正することもありますが、あくまでもプログラム内容の決定・主導権はＪＬメンバーたちにあります。

キャンプは毎年のことですし、普段の子ども会活動などでも交流がありますので、ＪＬや育成者の間の人間関係、意思疎通はできています。お互いの得意分野、個性やクセもある程度わかりあっています。プロ級の焼きそばづくりの関根さんとか、かき氷と言えば牧さんとか、例年ナイトハイク兼肝だめしのネタに燃える野島さん……などなど。企画者としてのＪＬは大人の期待を裏切ることはしませんね。

「また今年も期待していますよ～」

「チャーリーさんのファイヤーでのあのゲームは外せない！」

とか、そんな風に直に言われ持ち上げられると大人は、「またかぁ～」と言いつつも悪い気はしません。ＪＬは子どもだけでなく、大人の動かし方、気持ちの掌握術にも長けています。リーダーそれぞれの個性や得手不得手を考慮して、リーダー間の役割分担ほか決めていきます。半分押し付け気味になったり、土壇場での変更もあったりしますが、そうやって周囲を巻き込みながら準備していく……それがまた楽しかったりもします。

運営スタッフに関しては、多すぎて困る……ということはありません。いざ本番が始まると、主役である子どもたちのプログラムの円滑な運営進行、またその充実に向けてリーダーも大人たちも準備その他で結構バタバタ動きまわるのが常です。その意味では、例年いかに数多くのスタッフを集めるか……がポイントになります。勉強嫌いのリーダーであっても宿題もあるでしょうし、部活との両立、また外せないプライベートの予定もあります。大人も平日は仕事や家庭の様々な制約がありますので、フルで参加できない場合もあります。それでも部分参加、人海戦術の細切れ対応でなんとかする……のが常であり現状です。

「初日は無理だけど、２日目の朝から合流します」

「今年は部活の試合と重なっていて出られないから、代打で弟を出します」

「最終日のみ、撤収部隊としてトラックに便乗して朝一番で参上します」

公共の交通機関で合流することもありますが、平日の仕事を終えて夜からの途中参加や途中で帰る大人の車をうまく組み合わせるなどして工夫します。

このように関わる人たちが、「自分ができることをできる範囲でやろう！」という思いで、地区のキャンプは成り立っている感じなのですね。

そういったやり取りや工夫を通じて、同じ地域、違う地域のリーダー同士のみならず、多くの大人との関わりが持てることもＪＬ活動の大きな魅力です。応援に行くと、同じ江東区内でも地区によってキャンプのプログラムや進め方、また育成者のカラーに違いがあります。そうした違いを経験するのも勉強になっているはずです。

●議論のあり方を学ぶ

準備段階でも、キャンプ本番でも、ＪＬ活動の中では「議論」をする機会が多くあります。自然を相手にするキャンプには、模範解答がありません。場所は同じであっても前回のプログラムは参考程度のものであり、同じキャンプはできません。ましてや2～3年経過していると、これまであったものがなかったり、キャンプ場の設備や環境も様変わりしています。何よりも参加者の顔ぶれが違うので、すべてが新しいキャンプを企画するようなものなのです。

どこにも模範解答がない中で準備が始まり、ひとつひとつ選択と決断をしながら、実際にやってみて、試行錯誤と流れの中からそれぞれの正解というか最適と思われる納得解を見つける……といったプロセスを経験します。その中で、ＪＬたちは自然と「議論のやり方」を学んでいるようです。

例えば、キャンプ期間中は毎晩、子どもたちが寝た後の21時頃から、リーダーミーティング営に活かしていきます。

「今日、こんなことがあった」

「ケガをしたり、体調が悪そうな子はいなかったか」

「言うことを聞かない子や、班内でのもめごとはなかったか」

などなど、一日の出来事を振り返りながら、反省点や注意点を共有し、明日のプログラム運営に活かしていきます。

その際は大人は同席しても口を出しません。ＪＬ同士の議論や意見交換に任せるようにしています。と、言うよりいい意味でほとんど出る幕がないのです。ひと通り、各班の班付きリーダーからの報告やプログラムリーダーからのいろいろな意見や提案などが出されたその最後に「梶さん何かありますか？」などと必ず振ってくれます。それも実は私の楽しみの一つです。みんなの話を聞きながら、リーダーとしての自覚やその観察力や、彼ら彼女らの考えられた行動には毎回感心させられるので、そのみんなの言動のグッドポイントや一日の感想を言うなどしています。そして、話し合いが一段落したところで、ＪＬへの夜食、お菓子やフルーツのもぐもぐタイムになります。夜食やお菓子をパクつきながら、和気あいあいと会議の延長戦が始まることもあります。感心するのは、大人が口を出すまでもなく、その前にＪＬたちの間で解決策を見つけていることです。そして、大人に対してリクエストがあれば、それをきちっと依頼する。自分たちでできることと育成者にお願いすることの違いを明確にしています。どうしたいのか、どうすべきなのかを〝子どもが主役〟というスタンスをブラさずに、意見を出し合っているのがスゴイのですね。

私たちは会社や組織で会議というものを何度も経験しています。役職が上の人や年長者の顔色や意向を踏まえてするのが何か普通のようになっているこの世の中で、ＪＬ間の会議は新鮮であり、そこから得る情報や学びは多いです。

大人の世界では、このところ政治や企業、はたまたスポーツの監督や会長が自分の立場を守るような言動がはびこっている感があります。他人のアイデアにケチをつけたり、発言の揚げ足取りをする人もいます。そういう人がいたら本質的なところから議論は外れて物事は進みません。また、お役所や企業の中の官僚主義的な傾向が強い組織ほど「プラスを出す」ことよりも「マイナスを出さない」ことが評価されます。特に縦割りの文化や歴史ある日本企業には、そういった風潮がまだ根強く残っているようです。高度経済成長期の「右へならえ！」で業績が伸びた時代はとっくに終わっています。昔は、学校においてはテストですばやく正解を出せる人、そして正解ある難問を次々と解答する「情報処理」のスピードが速い人が優秀と称され、その優秀と称された若者がお役所や大企業に入っていきました。

しかし、優秀と称される人のモノサシや質は大きく変わっていることに、私たちはもっと気がついても良いのではないでしょうか？　日進月歩の変化と多様化の世の中です。正解は一つでないことを前提に、正しい解答ならぬ、その時々の状況に合わせた、みんなで納得しあえる解答……つまり「情報編集」による納得解を見出してゆく力が求められています。その力は机上では決して身につけることができないものです。

本質的で実りある会議をものにするには、参加者が「この会議の目的は何か」「誰のための会議なのか」を共有できていることが必要です。その意味ではＪＬの夜のミーティングは目的がはっきりしています。「キャンプをバッチリ成功させること」です。

それでは「キャンプでの成功とは何か」というと、「子どもたちに日常ではできない体験をしてもらう」「みんなで協力しながら、一人ではできないことを実体験してもらう」「参加した子どもたちに〝生きる力〟の基となるものを一つでも持ち帰ってもらう」ということです。それらを一日の動きの中から振り返り、翌日に活かしていこうとするのです。

ミーティングを見ていると、最初はマイナス現象の報告や自己反省から始まりますが、参加者から過去の経験談やアイデアが出てきて、徐々に方向性ができてきます。そのうちに、「今のやり取りを聞いていると、こうするのが一番いいかも」「最終的にそのようにしたいのなら、このことも考えてみる必要があるんじゃない？」などと話がまとまり始めたり、広がったりが続きます。ヘンに議論をまとめようとして、シャンシャンと手を打っておしまい……なんて感じでは全くありません。また、「自分の言うとおりにしろ！」とパワハラ的に自分の意見を押しつけるわけでもありません。周囲の理解と納得を促しながら、みんなが満足するような見解や落としどころを延々と探しているのです。議論がブレそうになると、気がついた誰かがチョット待って……と道筋を修正します。

ＪＬの会議がこれほど高度で、「議論のための議論」にならないのは、私はこう分析しています。現場でプログラムを実際に運営することを念頭に置いている彼ら彼女ら全員のまさにそれは「当事者意識」なんだ……と。その賜物なのだと……。ですから傍観者はいませんし、無責任な発言も少ないのです。自然と現実に即した議論になります。みんなの前で自分の意見を言えない、言わない中高生が多い中で、これはスゴイことです。大人も会議では、報告のための発言はしても、意見を言う人間はそう多くはありません。そもそも意見を言うほど深く考えていなかったりします。なるべく意見を言わずに、流れに従う方が楽だし、責任を負わなくて済むからです。ですから、JLの話し合いを「スゴイ」と思うし、逆に大人は反省もし、勉強させられます。何せ会議や議論の「やり方」ではなく「あり方」を改めて垣間見させてもらうのですから……。

JLは主体性をもって現状を分析し、目的や課題を明らかにしながら、組織全体のことを考え、議論の中から新しい価値を生み出してゆこうとするクリエイターのような役割を担っています。夜のミーティング……という場を通じて彼ら彼女らはそれに磨きをかけているかのようであり、社会人基礎力の「考え抜く力」の定義、〝疑問を持ち考え抜く力〟そのものを10代から積み上げている……という一つの例であります。

OBもアンケートでこう答えていました。

「JL経験があれば、経験がない人より自分の意見がもてるようになる」

「娘が初級を受講したいと言ってます。私に似てると言われる娘…心配でなりません（笑）。何故そうするんだろうと疑問を持ち、その答えが見つかった時の喜びが大きい。それを大切にして、どんな行事でも楽しもうという興味をたくさん抱いてほしい」

「一つ一つのイベントに向かって同じぐらいの歳の仲間達とどうしたらより良い活動になるかを、時に楽しく面白く、時に真剣に真面目に話してた。そして行動して、実現して、反省して、意見しあって、ぶつかって、解決しあって、修正して、次回につなげて…と、自分たちで一つの活動を創り上げ達成させることのウキウキ感がそこにあった」

●「困った子」にどう対応するか

さて、キャンプ初日の夜のミーティングでよく話題になるのは、言うことを聞いてくれない、いわゆる「困った子」の存在です。

もちろん、その子の悪口陰口を言うのではありません。

「積極的にプログラムに関わってもらうためには、どのような声掛けをすればいいか」

「その子が無事故でキャンプをやり遂げるために、どういうことに注意すべきか」

「仲がいい子はいないか？　その子を介して周りとうまくやる方法があるのでは？」

等々、どうすればその「困った子」と周りの参加者との折り合いをうまくつけて対応し、キャンプを最大限楽しめるようにするか……いろいろな意見が交わされます。

少年キャンプに参加する子どもの中で、集団生活を全くしたことのない子はいませんので、ある程度適応できるという前提ではありますが、フタを開けると60人の中には毎年何人か適応できない子がいます。プログラム自体が成り立たなくなるほどの問題行動はなくても、リーダーの話や指示を聞かなかったり、班の中で協力できずにはみ出す子が出てくるものです。テントづくりやカレーづくりの手伝いをしないで遊んでばかりいるので、班の他のメンバーから「あいつはカレーを食べる資格はない！」とか言われます。本人も班にいられない雰囲気を察しているので「頭が痛い……」とか言って育成者のいるテントから離れようとしません。班のメンバーと仲良くなれなかったり、トラブルを起こしてしまうような子は、毎回１人や２人はいるものです。

そうした子どもへの対応も、基本的には大人ではなくＪＬが行います。「困った子」の直接対応だけではありません。その同じ班のメンバーにも、うまくなだめすかしたり諭したりしながらまとめる対応をするのです。そんなトラブルや事件がかえってチームを活性化することもあります。それぞれの子どもの中にもそこから何か新しいものが生まれたのかもしれません。困った子の存在やいざこざや事件がジュニアリーダーの人間的な幅を広げているようでもあります。それを中高生ＪＬが対応している事実はスゴイことです。少子化の影響により一人っ子が多い現代において、少し年齢の離れた弟妹のような存在と関わるだけでもその経験はたいへん貴重ですし、人間的なトラブルに対してうまく対処するといったスキルを身につけ、磨きをかけている若者などそう出会えるものではありません。

何かコミュニティが形成されると、その構成員の中では同類とそうでない人が生まれます。そして、少数派は多数派から排除されてしまう……というような作用が働くのは世の常です。その中身を理解するまでもなく一般的な多勢が良しとされ、無勢が悪しとされるいわゆる数の論理で集団が維持され、個人としてはその集団の仲間の一人として安心して過ごせる環境を手に入れようとします。「排除の論理」は「イジメ」につながります。異端者を一人ターゲットにして攻撃することで、その集団が見かけ上は平和に保たれるのです。しかしながら、強い価値観、譲れない信念のようなものを持っている人は強いです。同じ価値観を共有している仲間同士の結束はそう簡単に崩れることはありません。

ＪＬが共通して持っている価値観は、キャンプとかキャンプ活動が好き……というものです。来てくれた子どもたち全員に「なんとかキャンプを楽しんでもらいたい」、「そこでのいい思い出づくりにひと役買いたい」というものです。それは、自分自身がキャンプが楽しくて、とてもいい体験ができたから、後輩たちにもその経験をしてほしい、自分がそうであるようにキャンプを好きになってもらいたい！　という意志や願いの表れです。そこに「排除の論理」とは全く無縁の世界があります。困った子の存在やトラブルは良くするためのチェンジへの大きなチャンスなのです。英語で書くと、ＣＨＡＮＣＥ→ＣＨＡＮＧＥ……つまり、２番目のＣに小さなＴ（Tea ＝ひと息）をちょっと入れるだけなのです。

このように、お行儀のよい子どもだけでなく予想外の反応をする子どもを含めて、非日常の環境の中で班をまとめてゆく、たった2泊3日の中にも班員同士で仲良くし協力しながら生活することの大切さを伝えてゆくＪＬというのは、異質な様々な人たちをチームとしてまとめながら、目的を達成していく……といった、まさに企業におけるプロジェクトリーダーのような役割を担っています。

社会人基礎力の「チームで働く力」の定義、〝多様な人々とともに目標に向けて協力する力〟そのものを10代から積み上げている……という一つの例であります。

ＯＢのアンケートにこんな内容があります。

「子どもを相手にしているため、喧嘩や突然の号泣と対峙することが多かった。そのため、相手が何を考えているのか、どういう経緯でその発言をしているのかをよく考えるようになった。これにより相手が何を求めているのか、何をしたら相手が喜ぶかを察する力がついた」

「相手と目線を合わせて話を聞いたり、話をする時にＪＬでの経験が生かされてるなと思います。また、年齢の幅に関係なく（特に年下）話したり行動することに抵抗感を一切感じないこともＪＬ経験からであると思います」

「買物、音楽、読書、写真、動画、スケジューリング、銀行預金、健康管理、公共交通機関利用、ビジネス……とあらゆることが携帯ひとつで可能となった。便利な世の中にはなっているが、今も昔と変わらずイジメや犯罪が起きている。ＳＮＳを通じて色んな人とつながることができているのになぜ？　情報化社会の中でひとつ提案したい。つながりたければ、直接会って話す！　すると携帯の画面からは決して知ることのできない相手の人間性を知ることができる。表情や声やぬくもりから。その時初めてつながりを実感する。つながりの喜びを実感すると人を好きになる。人を好きになると他人に優しくなる。優しさは伝染していじめがなくなる。いじめのない地域は住みやすくなる。住みやすい地域で暮らす人はつながりを求める。こうして心地よさだけがめぐるのだ」

●究極の「プラス志向性」

ＪＬメンバーの状況に応じた対応力と、マイナスをプラスに変えて何とかしてしまう力にはたびたび感心させられます。例えば、キャンプでは、予測できないことが多々起こります。その最たるものは天気の変化です。準備万端……あとは本番を一緒に楽しむだけ……とイメージしていたプログラムが雨や猛暑でできなくなることも珍しくありませんし、天候の変化は自然環境下での生活そのものに大きな負担を強いることになります。世の中には、テレビの天気予報が外れるとテレビ局にクレームを入れる視聴者もいるそうですが、そもそもクレーマーというのは自分の意にかなわないものは全てが悪と捉える傾向があります。クレーマーに囲まれた環境下でのクレーマー分子拡大に何とか歯止めをかけるには、ＪＬのプラス志向性を多くの子どもたち、いや大人にぜひ見てもらいたいものです。

ＪＬたちには雨で残念がっている暇もありません。それよりも、参加した子どもたちが、天候が悪い中でも最大限楽しめるように全力をつくします。野外プログラムの多くは、雨の場合に備えて代替案を準備していますが、プログラムの最中に天候が変化することもあります。育成者の同意を得て、広場いっぱい使っての天然のシャワー体験プログラムに変更……なんてこともあります。一時的な雨からまたカラッと晴れ渡ることもあるなどして、予測不可能な自然を相手にしながらＪＬは遊びをクリエイトする名人でもあります。アンケートにこんなコメントがあります。

「キャンプで雨なんて最悪！って思ったのは始めの頃だけ。雨だぁ〜さぁどう楽しもうかな、どうしようかなと。テント見回って穴掘り結構達成感あり。サロンでたき火を囲んで寒さしのぎ、みんなで分け合ったホットカルピスは美味しかった。逆境に強くなったのはキャンプのおかげです。」

「雨の中、テントを水没させないために土砂降りの中ひたすら穴掘り。当時は中高生だったけど根性ついた。今も我慢強いと思う」

「夜中雨が降ってきたので、子どもたちのテントの溝堀りをびしょびしょに濡れながらやった。何日もお風呂に入れない経験は初めてだったが、首やひじの内側の黒い汚れが少し頑張っている証のようで嬉しかった」

今の若者はマニュアル世代などと呼ばれますが、ＪＬは別です。キャンプ経験を通じて自然という予測不可能なもの、軽く見ては思わぬしっぺ返しがあり得るもの……との感覚を実践を通じて身体で学んでいます。ある程度先を見越した対応イメージの積み重ねによって、今クローズアップされている「危険予知能力」「危機管理能力」を身につけ、磨く機会になっていきます。「現実社会においては何ごとも自分の思い通りになる訳ではないが、思い通りにいかないことも含めて実は自分の思い通りなのだ……。」まるで禅問答のようですが、天候を含めて自然などの不可抗力への対応に対して私はＪＬたちにこんな話をします。

「世の中には、自分の努力で変えられるものと、変えられないものがある。変えられないものを変えようとして苦しんだり悩むよりも、変えられるものを見据えて努力したほうがいいよ」

　天気が悪いという現実、あるいは失敗してしまったという過去は、自分がいくら努力しても変えようがありません。また、人の考えや行動はなかなか変えにくいものですが、自分自身の考え・気の持ちようや行動は自分で変えてゆけます。ですから頭の思考をさっと切り替えて、「いまここ」を原点にして、今からできること、変えられるものをベースに行動してゆくことが得策なのです。雨でもできる楽しいプログラム、雨だからこそできるプログラム、辛くて厳しいことに直面している今の自分が楽しい、その後の自分に何か成長があるかもしれないし、まだ知らない自分を発見できるのが楽しみ……といったものです。マイナス現象を悪と捉えず、またいつまでもマイナスを引きずるのではなく変えてゆけるものにフォーカスして変えてゆく……。

　私は知っています。みんなの前では明るく元気なＪＬですが、その実はなかなかイメージ通りにいかなかったこと、考えが甘かったことなど後で反省したり落ち込んだりしているんですね。先輩たちはそういう後輩をよく見ています。ズバッと手厳しい指摘をします。先輩は反省したり落ち込んだりする後輩が大好きなのです。自分が通ってきた道を歩んでいる後輩だから可愛くて仕方ないのですね。

　過去の数々の失敗や反省点を踏まえて、同じ失敗を繰り返さない次の自分のできることをやってみる……、うまくいったことを素直に喜んでそこにさらなる磨きをかけてゆく……。変えられるものに焦点を当ててそれを追求するＪＬは、究極のプラス志向集団だと言えます。

以下、ＯＢからのアンケートです。

「楽しさは与えられるものでなく、自分で生み出すもの。同じことをつまらなくするか楽しくするかは全て自分次第です」

「目の前にある挑戦はチャンスです。失敗してもきっと自分のプラスになります。人と人が悩めば必ずいい方法や解決策が見つかります。考える時間、悩む時間、実行する時間、たくさんの時間を使って、たくさんの経験を積んで、たくさんの仲間と少しずつ成長していきましょう」

「魅力は3つ。まず仲間――先輩・後輩・同年代問わず、近所ではないが同じ区内でそんな遠くないところに住んでいるＪＬ仲間。転校しちゃった昔の仲間と再会したり、行動半径が広がったり…。次に、感謝される快感――一緒に遊んだ子供たちとお別れの時に言われる楽しかった・帰りたくない・またねーで重度の中毒になった。そして3つ目は知識欲の充実――気ままに変わる天気に合わせて工夫しながら遊ぶ、楽しむための知識がリアルタイムに展開されていくんですよ。雨除けの屋根を作って実際にその下で生活する、不完全な場合びしょぬれになって失敗を体感する、濡れながら改修、また雨漏り、再度改修、そして成功！」

●失敗が許される場所

キャンプでは、準備不足や当日のバタバタの中でうっかりミスやイメージ通りに事が運ばず

「こんなはずではなかった……」なんてこともよくあります。そうした失敗とどう向き合うかも、ＪＬの大切な訓練です。自分が失敗して初めて、先輩がサラリとやっている行動がどれほどすごいのかがわかり、新たな発見につながります。「誰からも何も言われなかったからそれでいいや……」とは、ＪＬは思いません。「もっとこうすればよかったかも……」などと自分で考えて反省することにプラスして、担当したプログラムでの役割を終えた後、先輩リーダーに自分の言動や担当ぶりがどうだったかの評価をもらいにいく姿が今でも見られます。

キャンプファイヤーならぬ、室内キャンドルファイヤーの例を挙げます。先輩は、「まあまあよかったよ」なんてその場しのぎのありきたりな、よくわからないような評価はしません。ここはよかったんだけれども……の次に、かなりスバッと本質的な辛口の手厳しい評価をします。極めて具体的です。本人にも自覚症状があるので、その内心をみごとに見透かされていることや、やっぱりそこを指摘されたかぁ……と先輩の話を真剣に聞いている姿がよく見られます。それだけでなく、その話を聞きながら悔し涙を流すＪＬもいたりします。純粋な頑張り屋さんの姿です。先輩後輩でも体育会系の上意下達の世界とはえらい違いです。

以下、ＯＢからの〝印象に残った出来事〟のアンケート回答です。

「準備不足や認識の甘さから活動をうまく回せなかった時、自分でもよくわからない悔しいとも情けないとも言えないような気持ちになりました。他のリーダーから怒られたり批判されたりしたこともありました。当時の年齢ではあまり経験のないことだったので今となってはそれが一番印象に残っていることです」

「キャンプの夜のミーティングで先輩から喝を入れてもらったこと。リーダーとしてどう行動すべきかなど」

「先輩方の本気で注意して愛情をもって接してくれている姿を、真摯に受け止めようと思えました」

「学校生活では体験できない縦と横の繋がりがあり、仲間として協力することができて伝統を自然と引き継ぐことができる。培って得られたことや仲間とは何年たっても変わらない良さがある」

「学校の先輩とは違う絶対的先輩、友達とは違う仲間、後輩とは違う舎弟など、幅広い年齢がいるにもかかわらず、共同でつくりあげてゆくキャンプや地域イベントに参加できるのが楽しかった」

「良い先輩方に恵まれ、いろいろ助けていただき成長できたこと、同期・後輩に恵まれたこと」

「自由で個性を認め合え、誰もがその行事を楽しもう成功させようとする一体感と達成感。そうやってキラキラ輝いている先輩たちへの憧れ」

「つらいことも多いけれどその分自分の成長を感じられるし、活動に達成感を得ることができた。また、後輩となる子達が講習生からリーダーになって活躍してゆくその成長を近くで見ることができるのが何より魅力的」

「一番尊敬している大好きな先輩がキャンプ中すごくご機嫌だった。なんでご機嫌だったのか聞いたら、自分が仕事を分かってきてるおかげで楽ができるようになったからと言われた。こんな自分でも先輩を少しでも楽にさせてあげれたのがすごく嬉しかった」

当たり障りのない人間関係の中で、本気で自分という人間を構ってもらった経験をもつ若者が少ない世の中です。親からも厳しく言われたことがない若者が、企業組織の中で上司からちょっと叱られただけで会社に行くのが嫌になって辞めてしまう昨今において、失敗を通じて、自分の技量を正しく見てくれる先輩や仲間の存在のありがたさ。そして自分が先輩になって今度は学んだことを後輩に伝えていることがアンケートからも分かります。

「失敗してもいいんだよ。失敗は悪いことではない。チャレンジしなければ、成功も失敗もないから」

「失敗は成功のもと……、うまくいかない行為……の新たな発見なのだ」

「うまくいったことよりはるかに多く、失敗したことから学べる」

自分の成長ぶりを見てくれる人の存在を意識しながら、次のＣＨＡＮＣＥを通じて行動のＣＨＡＮＧＥを試みる……。その繰り返しはまさに〝成長の階段〟の高いところにある「人の心を動かすレベル」に上っていくプロセスに不可欠です。ＪＬＣという組織や活動にはそういった歴史と伝統があります。社会人基礎力の「前に踏み出す力」の定義、〝一歩前に踏み出し、失敗しても粘り強く取り組む力〟そのものを10代から積み上げていける背景や環境がここにあるのです。

●バカができるやつは強い

失敗を恐れなくていい……がお墨付きとなると、JLメンバーたちは元気な中高生です。「ここぞ」という場では、バカなことをやったり人前でハジケた姿を見せてくれたりします。そのノリがまたキャンプを盛り上げるのですね。

そのベースの最初のきっかけは、中級生の宿泊研修で培われるのではないかと思っています。初級生時代は主に参加して自分がその楽しさを体感する側です。今度は中級生として初級生を楽しませる側に回るのです。そのプログラムの一つが「スタンツ」です。これはスタントマンのスタントのこと。キャンドルファイヤーでの出し物で「寸劇」を表します。一つの班の寸劇は5～6分程度で、「浦島太郎」「桃太郎」「シンデレラ」など、周知の物語を題材にすることもありますが、子どもたちの発想で時代を反映したトピックスや実況中継などが飛び出したりもします。その研修プログラムを通じて、まず〝皆の前に出て役を演じる〟という経験をするのです。必ず何かの役で出演することが条件です。そして演じる側は、ここが楽しませるポイント……とばかり、ストーリーの随所にウケを狙うポイントを盛り込みます。本番もさることながら、ああでもないこうでもない……とやるそのプロセスが研修としての大きな意味合いですが、企画や準備、リハーサルを経て本番前には小道具を作るなどして一発勝負の本番に挑むのです。

人それぞれ、向き不向きや性格の違いもあって、誰もが面白いことができるわけではありませんが、一見引っ込み思案っぽい子がセリフ一つで大ウケして、スターに化けることもあります。過去の通例からすると主役級を演じるような面白いというか目立つ子は、そもそもが元気でお調子者だったり、ふざけるのが好きだったりするので、そういうのはお調子者レベルがどんどんエスカレートして、そのまま楽しいリーダーとして定着してゆきます。その意味では、中級生のスタンツで大物スター誕生を予感させてくれるものもあったりして、私にとっても毎年楽しみなプログラムの一つです。

最近の傾向としては残念ながら、年々バカができる子は減ってきている印象があります。それは、家庭で「バカなことはやめなさい！」と厳しく言われ続けているせいもあるでしょうし、「クールでデキル人間がかっこいい」というような世の中全体の若者の風潮の反映なのかもしれません。お笑い番組や芸人はテレビで観れるものの、自分の身の回りにいる芸人っぽい生の人に触れる機会が激減していることにもよると思います。つまり学校の面白いクラスメイトや面白い近所のお兄さんや自分のおじさんという身近な楽しい人、風変わりな人、おかしな人との接点が昔はもっと多かったような気がします。

楽しい人……という印象を与えることは、実社会にとっても異性とのつきあいにとっても大きなアドバンテージになるはずです。ＯＢ連中はさすがに落ち着いた感がありますが、当時の現役ＪＬに大物スターが何人もいました。今でも受け継いでいる現役ＪＬのパフォーマンスを見てホントにバカだなぁ〜と大笑いしている私はその一人ですが、実際には繊細で真面目なんですよ。ま、全員に当てはまるわけではないのかもしれませんけど。

しかし、しっかりしていながらもバカになれるというのは、チームを率いるリーダーとしては大事な要素です。以下はOBから寄せられた声です。

「子どもたちや周りの人たちの楽しそうな姿や集中してる眼差し。コレってその時に1度しか見られない賜物だと私は思っていて、コレに私は魅了されたんだなぁと思っています」

「人をどう楽しませるか？自分がどう楽しむか？　それを考えたり学んだりすることが楽しくて楽しくて仕方なかった」

「人前で話をする仕事をしている今、この度胸はJLの活動があったからこそ！」

「大人と子どものパイプ役！なんて言われたけど、実際は公認ガキ大将というイメージかな？悪いことばっかりしてましたよね。でも大らかに見守ってくださる大人がいた」

「キャンプ場を脱走して自販機でジュース買って蛍狩り・食料テントにバナナを盗みに侵入・カルピスと騙して米のとぎ汁・麦茶と称して麺つゆ・講師の先生を登場人物にしたスタンツ・まぶたに歯磨き粉…本部テント前での正座 etc」

●ジュニアリーダーは「憧れの存在」

キャンプに参加した子どもたちや新米JLたちは、先輩リーダーがみんなの前で面白いパフォーマンスをしたり、プログラムを円滑に運営したりするのを見て、「憧れ」を抱くようになります。

「タカシはなんであんなに面白くて盛り上げ上手なのかな、すごいな」

「難しいプログラムも、ミナが説明するとわかりやすい」

「突然の雨だったけど、アヤコが機転をきかせて皆を誘導してくれたので、スムーズに行動できた」

こういった今の自分にない持ち味の発見とその「憧れ」が、自身の成長の階段を上がってゆく大きな原動力となるのですね。

大人ではなく、自分より少しだけ年齢が上の「お兄さん・お姉さん」だからこそ、「自分も少し頑張れば追いつけるかもしれない」ということで、具体的な目標としてイメージしやすいのです。ＯＢへのアンケートにこのような声がありました。

「現役時代、キャンプに参加した際、ある先輩に出会った。その先輩がレクリエーションを通して子どもたちを夢中にさせている姿を目の当たりにし、すごい！と感じた。それからというもの、レクのスキルをアップすべく、積極的に場数を踏んでいった。レクは、人とのコミュニケーションを円滑にすることもできる。卒業後、ある団体からグループワークを依頼された。参加者からは、最初のレクリエーションで緊張が解けたので充実したグループワークができた……と感想をいただけた」

「ＯＢになり後輩たちから色々頼られるようになって、責任感がさらに強くなったと思います」

「たくましくなりましたが、中身は全く成長しませんね（笑）。私は班付きをやった時、自分のことをボスと呼ばせていました。その中でものちにジュニアリーダーになりその後未だにボスと呼んでくれる後輩もいたりします。当時は参加者の子ども対ジュニアのお姉さんという関係でしたが、今となっては4~5歳の差なんて大したことないんですよね」

「グループ活動の時に、積極的に意見を言えたり進行もできるようになったと思います。小さな範囲ではなく大きな範囲で周りを見れる自分に気づいた時、JL経験がなければできなかった事かもと実感したことが何度もあります」

学校のクラブ活動等でも、熟練した技術をもつ先輩に憧れることはあるかもしれません。しかし、その技術が応用できるのは、競技や種目が極めて限定された特化した分野であることがほとんどではないでしょうか?

JL経験で培った能力は、社会人になってから総合的なあらゆる分野で応用可能であり、それは実証済みです。教員や公務員も複数いますが、産業であれば教育・医療・福祉・イベント・旅行などのサービス業界……などイメージしやすいもの以外に通信・情報・土木建築・化学・メーカーなど多岐であり、職種で言うと営業・販売・総務・人事・企画・エンジニア・生産・品質管理といった分野、さらに言えばその経験や積み上げた信頼をもとに起業するような活躍サンプルがたくさんいるのですから。いずれにしても、キャンプやJL活動を通して多くのジュニアの先輩と出会い、その先輩の憧れや受けた叱咤激励が活動の継続につながり、それが現在のビジネスや実世界での活躍に、そして家庭では子育てを通じて多くの人たちにプラスの影響をもたらしているのです。

●タテ社会の人間関係を学ぶ

就職活動の際、大学で体育会系出身者が有利といわれるのは、次の３つの理由によるものです。

・礼儀正しい
・健康で強靭な体力と精神力がある
・理不尽さにも耐えられる

これらの能力は確かに組織で仕事をしていく上では必要ですし、今の世の中ではその逆を行く若者ばかり目についてしまうので貴重な存在です。しかし体育会系出身者が、企業側の採用でオールマイティであるという見方は慎重にする必要があります。一つの競技のもとに集まった人たちなので、同一性が高い集団だからです。言い換えれば特化した一つの業界の中で、特化した人たちとの間で時間を費やしてきたことが、環境と将来の適応においてどうなのかという観点……、多様性（ダイバーシティ）と変化の中での汎用性・適応性のチェックも必要ではないかと私は考えます。

ナショナルからグローバルへ……と言われる現代社会の中では、企業組織は外国人をはじめ、高齢者や女性、障がいを持つ人など多彩な人材の中で経済活動を行うことが求められています。難受験をクリアしてその大学を卒業した男子が「優秀な人材」とされた時代は終わっていることに頭では分かっていても実感として持つ人はまだ少ないと思われます。私のビジネス人人生のほとんどが人事活動でしたし、人材採用に費やした時間も多いですが「優秀な人材」は、高学歴や高学力とは全く別のチェックポイントとモノサシで測るものです。組織においての「優秀な人材」というのは、入社後その社員がのびのびビジネス活動に従事してくれて、かつ途中でその組織を離れてしまうことのない人材のことです。

そういう意味では、そのチェックポイントとモノサシ……、これからの時代に求められる能力の一つは、多様性の中で目的に沿った自分の存在価値の表現ができることです。今自分がおかれている環境や立ち位置を正しく理解し、関わる人との関係や思惑を察したりして、時にはリーダーシップを、時にはフォロワーシップを……と変幻自在に発揮できる能力です。

ＪＬ活動は、そういった能力を身につけ磨きをかける場でもあります。リーダーの名の下に、みんなをリードする人として、リーダーシップを発揮する場はもちろん多いですが、そういう場ばかりではありません。時にはリーダーを支えるシチュエーションもあります。中高生という10代の多感な時期に、リーダーシップとフォロワーシップの両面を、多様性に満ちた地域の組織で経験しています。その場数たるや、一つのクラブ組織、一つのスポーツや音楽での専門性を高める活動との比較においては他の追随を許しません。

そしてＪＬ活動でも、「タテ社会の人間関係」を学ぶことができます。

クラブ活動では、中学校から高校に上がるときに人間関係が一度リセットされます。中学3年で最高学年としてキャプテンをやっていても、高校1年生になったとたんに最下級生としてまた球拾いからのスタートです。学校も変わりメンバーが変われば、新しい組織の中では下っ端……というのは世の常ですし、その経験も貴重です。会社では部長や社長なのに、例えばお神輿や伝統芸能の世界では入会順で下っ端になります。周りへの細かな気配りや所作が必要なのに、ぼーっとしていると歳の若い諸先輩方から、腰が重いだの気が利かねぇだの10年早いなどお叱りを受けたりしている還暦すぎの人を知っています（汗）。

ＪＬ活動の場合は、ほぼ同じ世界の中での経験職です。小学5年生からの初級受講生から始まって、中級生そして新米ジュニア、中学、高校生…と段階を経てステップアップしていきます。中学から高校、そして大学へと進学し、社会人や親になっても、ＪＬ経験はリセットされることはありません。その点は企業組織の継続・継承の世界に共通するものがあります。

ＪＬの世界……言い換えれば地域での先輩・後輩関係は、学校を卒業してもずっと続きます。ですから、ＯＢになってもひょいと顔を出すことができます。しばらくご無沙汰していても、誰それの同期……というだけで、組織的に充分通用して歓迎されてブランクがすぐ埋まったりします。そのご無沙汰ＯＢの経験がまた現役ＪＬたちに受け継がれていきます。例えば、昔よくやっていて今は忘れ去られそうなゲームやレクがそこから復活したりするのです。リセットのない世界だからこそ、伝統や後輩の育成が脈々と連綿と続いてゆくのです。こういう伝統と育成を伴う若者の世界は珍しいのではないでしょうか？

一方で、地域での人間関係におけるメリットというのは、一年365日ずっと一緒というわけではないところです。定例のイベントごとに集まり、そこでパッと団結して一つの物事を成し遂げる……。終わったら、学校や職場などそれぞれ自分の世界の中で役割を担ってゆく……。そもそも同じ地域ですから、普段ひょんなところで顔を合わせることもあります。そんな時は立ち話もしますし、深くつながっているメンバー同士のコミュニティもあるので、聞けばそういったOBの近況も知ることができます。地域ならではの絶妙な距離感を保ちながら、組織としての伝統を受け継いでいるのがJL活動なのです。

OBアンケートからの抜粋です。

「OBやOGの方が優しい。大人の育成さんも優しい。みんなやる気があって、目標に向かって準備するのが楽しい」

「後輩となる子たちが講習生からJLになって活躍していく。その成長を近くで見ることができたのが魅力的に感じた」

「組織で必要とされる考え方の基礎（報告・連絡・相談）や、ボスとリーダーの違いなど、社会でのマナーに限りなく近い事柄をJLの活動で学んだ」

「社会においては人に教えるときにJLで教わった言葉を実践していきます。『やってみせ、やらせてみせて、褒める』――小学生の参加者に使う方法ですが、大人になっても使えました」

「高校生になり江東JLCの会長になった時です。人に頼むことができず多くの仕事を自分一人でやろうとした。当然その状態では長続きせずに泣きながら先輩に相談した。その時、人に頼むことができないのは責任感が強いのではなく、人を信用していないということだと教えられた。それ以後、スタッフの性格や得意なことを知る努力をし、それを鑑み、役割を振り、指揮していくことが自分の仕事なのだと気づいて実行していった」

このように振り返るOBたちもいます。タテ社会の人間関係を学びつつ、体育会のような同一性や窮屈さのない組織。そして、リーダーシップとフォロワーシップの両方を体得することができる。JL活動は、そうした絶妙なバランスによって維持されている、日本社会では稀有な10代中心の異年齢組織であり人材育成システムといえるでしょう。

●今の子どもに伝えたいジュニアリーダーの声

OBからのアンケート回答を続けます。今の子どもたちを鑑みて、自分の実体験から来るエールのメッセージです。

「今はコミュニケーションツールが発達しすぎてリアルな体験が僕らの年代と比べたら希薄かもしれません。まずは周りの友達、大人、小さな子に目を向けてみる。すると面白い発見があると思いますよ」

「人と積極的に関わること…、やはり顔を突き合わせて話をしてほしい。文字では伝わらない、声や表情などがコミュニケーションにどれ程重要かを知ってほしい」

「JLの活動は、間違いなく今後の人生に生きてくる。騙されたと思ってのめり込め！」

「何か1つでもいいから全力で取り組めたり夢中になれたりするものを見つけてほしい。すぐに成果に繋がらなかったり、直接的に役に立たないことも多いけど、必ず自分自身の力になる。

だから最後までやり通す大切さやその良さを味わってほしい」
「逃げ場を持ってほしいなと思います。ひとつの居場所に固執することでストレスを抱える子が多いと感じるので、学校や家で嫌なことがあっても習い事先の友達と過ごすことで忘れられたり、それこそJLのような場所は逃げ場になるなと最近よく思います」

多様化した情報社会の中で、私たちは積極的に情報を取りに行かずともいろいろな情報が飛び込んできます。興味の対象がどんどん広がります。そして、興味をもったことに片っ端から首を突っ込む……、それはそれで大いに結構なことです。次々とやりたいことが出てくることもあるでしょう。

しかしながら、興味は無限にあっても時間については有限です。世の中には聞きかじりやにわか仕込みの経験者はありふれていますが、ひとつのことをベースに、また核としながらその貴重な時間をやりくりしてひとつのことを継続している人は多くありません。少ないからこそ、何かを継続しているそのコトと継続しているヒトは周りから興味を持たれます。こんな回答がありました。

「大学生の頃、JLの同期が、社会教育のNPO法人を一緒に立ち上げないかと誘ってきた。JLに関わっていなければ断っていたかもしれない。だが現役時代、仲間と一緒に様々なことを乗り越えてきたという思いから、さほど迷いはなかった。実際、一からNPOを設立することは容易ではなく、何度となくすれ違いもあった。しかし、NPO設立まで自分自身を諦めずにやってこれたことは、今でも大きな自信になっている。現在は、地域の活動になかなか参加できてはいないが、辛くても、もう少しだけ続けてみると誓って取り組んだジュニアリーダーの経験は、生涯忘れることはない」

生きる力とジュニアリーダー

昨年2017年3月に改訂され、公示された文部科学省の新学習指導要領の全体テーマは「生きる力」をよりいっそう育む、です。変化の激しいこれからの社会を生きるために、確かな学力、豊かな人間性、健やかな体の知・徳・体をバランスよく育てることが大切です、と書かれています。書かれた内容を単なるお題目に終わらせない、また学校任せにしない具体的な手段の一つが、地域によるJL活動の推進です。

10代からJL活動に関わった経験者は、20代に入ったら自己責任の名の下に、自らの人生を自分で切り拓いてゆくだけの、まさに「生きる力」を身につける訓練を繰り返し受けて成長し続けている人材＝人財です。すなわち、ジュニアリーダーは、今の若者全体からすれば極めて希少な「社会人基礎力」を持つ人であり、さらに言えば、JL活動は自分の人生を豊かにたくましく「生きる力」を身につけるための養成機能を果たしているのです。このことは、社会に通用し、地域に貢献する若者を輩出し続けているメカニズムだと言えます。

しかもいろいろな価値観を持つ人たちで成り立っている世の中であることを理解しつつ、自分の周りには、同じ価値観を感じながら同じ時間の中でそれを共有し続けてきた持ち味の違う仲間が多くいる……。その仲間はお互いに苦労や失敗を知っている自分の理解者だと思っているから言いにくいことでも何でも言える関係です。密な付き合いをしてきたからこその仲間です。その仲間は同級生のこともあるかもしれませんが、ＪＬとしての先輩だったり後輩だったりの「人生の友」です。そしてお互いが「人生の師」でもあります。

そして、ジュニアリーダーという活動経験者は、将来もっとクローズアップされてゆくものと思われます。ジュニアリーダーというだけでさらにその事実に一目置かれるようになり、さらにその経験者同士の結束や仲間意識を全国ネットで広げられるだけの可能性を秘めていると思うのです。つまりこれまで例えば、出身を聞かれたら地域や学校を伝えてきたように、また学生時代に取り組んできた部活を紹介してきたように――「自分は学生時代に野球を6年間やっていました」「東京大学の卒業です」と紹介するように将来はこんな人が増えてもおかしくはない、と思えるのです。

「ジュニアリーダーをやっていました」

ちなみに、ウィキペディアでジュニアリーダーを調べた際に、活動経験のある著名人が載っていました。マギー審司さん（手品師）・要潤さん（俳優）・小倉弘子さん（ＴＢＳアナウンサー）の3人です。それを知ってからより親近感をもって改めて3人を見るようになりました。同じ釜のメシを喰ってきたんだなぁ……そういう目で眺めてみると3人の共通点というかジュニアリーダー仲間の匂いがしてきます。

耳がデッカクなっちゃった！　……のマギー審司さんは、みんなを楽しませるピン芸人・手品師という表の活動以外に東北の震災ほか様々なチャリティに積極的に活動されています。要潤さんは、ドラマや映画ほかシリアスな役どころ以外にバラエティ番組やＣＭでは宝くじのクーちゃんと子どもたちの前でひょうきんな姿で登場したり、うどん県として香川県の広報活動を行っています。そもそも「仮面ライダーアギト」の仮面ライダーＧ３の役からタレントデビューなんだそうです。また、小倉弘子さんは現在は産休中とのことですが、ニュースや番組ＭＣ、スポーツキャスター、昨年まで夕方のニュース番組Ｎスタのコーナーに定期的に出ていました。実は、彼女はわが江東ＪＬＣ出身なんです。高校時代には副会長も務めていました。

私たちがＴＶ画面を通してみる３人のプロとしての本業と、それ以外の活動を改めて知ると、人との関わりや人を喜ばせるサービス精神や本質的なボランティア精神といった共通性が感じられます。「生きる力」などという単語がまだ表面化しない時代からのジュニアリーダーとしての経験が現在にもつながっているのではないでしょうか。

今は、認知度の点でまだまだ足りていないと思われますが、ジュニアリーダーの育成は〝街がつくる・街でつくる・街をつくる〟の言葉通り、地域づくりと同時に将来の日本をリードするような世界の中の日本をより豊かなものに導いてくれるリーダーづくりです。ＪＬは、ジャパンリーダーのＪＬを輩出する機能でもある！　と私は信じてやまない一人です。

第3章

「生きる力」と就職活動

わたしがキャンプにこだわる理由

ここまで、キャンプ活動やジュニアリーダーという素晴らしい人材育成の仕組みについてお伝えしてきました。では、なぜ私がビジネスと並行して、この世界にのめり込むようになり、熱く語るのかそのきっかけをお伝えします。

私の人生を大きく変えたもの……。それは1枚の電車の中吊り広告でした。ひとりのアフリカの男の子が青空と茶色の大地で真っ白な歯を見せて笑っているクローズアップ写真。そのまぶしい笑顔の横には、こんな言葉が書いてありました。

〝地球上の笑顔はどこも一緒だね　青年海外協力隊　隊員募集〟

当時の私は社会人3年目でした。入社以来ビジネスのいろはを教えてくださった尊敬する上司が転勤になってしまったこともあり、仕事に対するモチベーションが下がっていた時期でもありました。会社のことも大かた理解し、仕事の要領も掴んできた中で、この先の自分の人生を現状の組織と職務と流れの中でさらにどう活かしていったらいいのかわからず、もやもやした感じのまま流されるように勤務する日々でした。

そんな中、この広告に目が釘付けになったのです。説明会日時はまもなくであり、しかも会場は職場から歩いて10分程度のところです。海外でのボランティア活動……これは、行くしかない！　私はそれ以降そわそわして過ごし、説明会当日は、予定の業務を早々に切り上げ、会場の代々木の国立オリンピック記念青少年総合センターに足を運びました。

説明会場では、募集説明用16ミリフィルムの映画を観るところから始まりました。その映画は、青年海外協力隊とはどういう組織なのか？　そして様々な途上国で活動している隊員の様子をドキュメンタリータッチで、またインタビューを交えて数多く紹介していました。

協力隊とは何かが明らかになるにしたがって分かってきたこと、そしてその内容を自分と照らし合わせながら考えたこと……。初めのわくわくの期待感からだんだん不安感、焦燥感に変わってきました。

その最大の理由は、隊員には現地での支援活動のための何らかの専門技術とその実務経験が不可欠であることが分かったからです。単なる興味にとどまらないあなたの持っている専門分野は何ですか？　指導できる技術は何ですか？　募集説明会場に来てみて初めてその問い……つまり自分の培ってきたものや保有している技術や専門性を突きつけられ考えさせられることになったのです。

中高６年間の陸上部、大学で謳歌したサークル活動や数々のアルバイト、そして入社してから今日までの営業マンとしての活動経験……。これまでの人生を振り返ってみて、あなたには専門がありますか？　何が得意ですか？　外国でどんな指導が可能ですか？　の問いに対する回答が見出せない自分がいました。専門を言えないどころか見つからない……。後頭部をガーンとやられたぐらいショックでした。これまで生きてきた25年で自分は一体何をやっていたんだろう……。その時その時を一所懸命に、時に要領よくやってきたように思っていたものの、これまで費やしてきた時間を具体的な目標もなく一貫性もなく今日まで流れに任せて過ごしてきたのではないか？　自分は一体何をやっていたんだ？　映画が終わって会場が明るくなってから、受付でもらったパンフレットをぼんやりと見つめながら考えていました。そして思ったのです。

「どうやら自分は場違いの説明会に来てしまったようだ……」

ところがです。拾う神がありました。一つあったのです。募集要項の「保守操作部門」のカテゴリーのところに「視聴覚機器」という職種が……。当時の私は、本社が海外から輸入した映像機材ほか国内電機メーカーのＡＶ機器全般を産業市場に販売する会社で営業を担当していました。隊員としての活動予定内容を読むと、ユネスコ寄贈のＡＶ機器を教育機関の中で効果的な使い方を現地スタッフに指導しつつ有効活用の仕組みを確立する……とあります。内容を見た瞬間、「これならできる！」と思いました。様々なＡＶ機器は、まさに入社後配属された会社で自分が職務を通じて関わってきた機材。お客様に対して、国内外の多くのメーカー情報とその特長をもとに活用法を提案し、効果的で最適な機材を紹介し、デモンストレーションするなどしてご購入いただいている商品であり、その募集職種は自分には、もうそれしかないドンピシャな分野だったのです。その職種の隊員要請国はスリランカでした。

絶対に合格したい！　自分はスリランカに行くしかない‼

新たな目標を見つけた私は、技術部のベテラン社員にメカやパーツについてアドバイスや指導をいただくなど、受かるための傾向と対策を練りました。結果、年明けに協力隊の試験を受け、１次の筆記、２次面接……と作戦通り合格することができました。そして派遣前訓練の合宿が始まる直前の５月をもって会社を退職しました。新卒で入社し、在職期間は３年２ヶ月でした。

こうしてその後１９８３年から86年までの２年半、スリランカでのＡＶ機器隊員として教育普及と広報の活動に関わることになりました。亜熱帯の国、スリランカの情報は訓練期間中に収集し、それなりに理解していたつもりでした。しかし、いざ赴任し、実際に現地の生活や活動を始めてみると、日本でのイメージをはるかに超えた環境がそこにはありました。単純に日本とスリランカを比較してしまう、いわゆるカルチャーショックです。

やがてそれらショックに慣らされてくると、初期とはまた違う次なる考え方が生まれてきました。どちらが良いとか悪いという尺度ではないのだなぁ～。

なぜここではそうなんだろう？　と考える……。日本との生活環境の違いは当然のことながら、逆に日本や日本人を外から見ると、これまでの当たり前が世界共通の当たり前でないことが多々あることにも気づかされます。逆に、日本での常識、日本っておかしくない？　って思ったり、考えさせられたりする機会を得ることにもなったのです。これまでボ～ッと生きてたんじゃねぇのかよっ‼　と叱られた気にもなりました。

本書の第1章で紹介した、キャンプによって得られる3つの関わり（自然・人・自分）を私は20代の最後にしてスリランカで実体験する機会を得たのです。そのことが後の自分の活動や人生に貴重で大きな体験をもたらし、そして私の人生が大きく変わりました。

初期のカルチャーショックとしては、具体的には、スイッチを入れたら電気がついて暗い部屋が明るくなる。蛇口をひねれば水が出てきて手と顔が洗えて、しかものどが乾いたらその水をそのままゴクゴク飲める……ということが決して当たり前ではない事実に直面して、ハッとさせられます。大雑把な言い方になりますが、スリランカの都市部の道路をほんのちょっと入っただけで、そこに住む人々は毎日がキャンプみたいな生活だったのです。自然とともに人々が生活している……というのを強く認識させられたのです。それは燃料が薪やヤシの殻だったり灯りがランプだったり地方に行けば行くほど顕著でした。

食生活もそうです。例えばスリランカではカレーを指先を器用に使って口に入れます。そこで聞かれるのです。現地の人の率直な質問です。日本人は2本のスティックを使って食べるそうですね？　と。どうして？　といったことを食事中に聞かれます。箸で食べるのに何の疑問も持たないし、考えたこともありませんから答えに詰まります。それが日本文化です、日本では普通です、常識です……、は問われたことの答えになっていません。このように、異文化の世界に足を踏み入れてみると、そこで初めてこれまでの当たり前について、また常識って何だ？　といちいち考えさせられるのです。そして思いました。自分は、日本のことを何も知らない……。そして日本人として自分の国の話がちゃんとできるようにしないといけないなと。

さらに違いについて衝撃的だったことがあります。スリランカの子どもたちの姿です。姿というより笑顔、いやもっと言えば瞳の輝きの違いです。そして深く考えさせられました。単純な言い方かつ率直な表現をすると、「子どもらしくて可愛い」のです。「お前はバカか？」とお叱りを受けるかもしれません。私なりに理由づけをしますと、スリランカでは大人もしかりですが、特に子どもたちの目は１００％みんなパッチリして大きく、まつ毛も長いので、どの子も普通以上に愛らしく見えるのは確かです。でも外見だけではなさそうです。恵まれた環境で物質的にも豊かなはずの日本の子どもたちに比べて、どこに行っても出会う子どもたちの瞳は何倍も輝いているように見えました。目の大きさ以外の根本的な輝きに対する違いに他の要因があるのではないかとさらに考えたのです。

自分なりに出した答え……、それは日常生活の中に、自然があり、家族があり、兄弟姉妹がいて、一緒にお友だちと自由闊達に遊ぶ……という環境のなせるものなんだと思いました。裸足で遊んでいる子どもたち、おへそが見えるくらいサイズが小さいTシャツを着ている子もいます。お姉ちゃんが妹と弟と思しき子の手を引いてこっちに駆け寄ってきます。現地の言葉を話す色白の外国人に興味津々なので質問攻めに遭います。冗談も言ったりすると大ウケする。例えば、名前を聞かれます。で、「カジ兄さんだよ」と答え「カジュ兄さんじゃないぞ」というだけです。カジュという豆があるのです。なので、「豆兄さんと呼んじゃだめだよ」と言うと、余計「豆兄さん、豆兄さん！」とこぞってはやし立てる。私を取り巻く笑顔の子どもたちの顔と目の輝きが格別なのです。裸足や破けた服を見たからといって、それを貧しいとか可哀そう……とは決して思えないのです。子どもらしい屈託のない子どもたちの笑顔や白い歯を見せて大笑いしている姿を目のあたりにして、日本との違いをつくづく考えさせられたのです。

物質やお金ではない豊かさがあること、私たちにとっての本当の豊かさとは何なのだろう？　そして、いや待てよ？　自分の父や母の時代に、さらにはその父と母の子ども時代には普通に日本にもあったものなのではないか？

あの『日本昔ばなし』の題材にあるようなほのぼのとした世界……。ないものねだりをするのではなく、ないからといって手に入れようとするのではなく、今あるものに感謝して大切にする……。そんな心の豊かさのようなものが、今の日本に失われつつあるのでは？　と思ったのです。スリランカという国や人、子どもたちの姿を通じて、そう感じちゃったのであれば、それをしっかり自分の心に刻んで帰ろう……と思いました。

私は、通常2年の任期を延長しました。現地での活動が順調に行き始めたところで2年の任期終了が近づくのです。せっかく軌道に乗り始めた活動が中途半端に終わる気がして帰国が惜しくなります。言葉もほぼ支障がなくなったことを含めて職場でのコミュニケーションが当初よりもはるかに図れるようになっていましたし、阿吽《あうん》の呼吸が通用するようになってきたのです。それは、私の努力でなく周りのスリランカの人たちの理解の賜物です。つまり、日本からやってきた、この私の悪いところやクセやわがままに対して、寛容な見方をしてくれるようになったからであり、せっかく来たのなら何か気持ちよく活動させて日本に戻してやろうではないか……といった協力的な環境になっていたということです。初期のカルチャーショックが懐かしく思えるくらい自分の肩の力が抜けていました。「所詮、私はスリランカというアウェーの中で生活や活動をさせてもらっていて、誰にでもできないであろう貴重な経験をみんなのお陰でさせていただいているのだなぁ」と感謝の気持ちに変わったのです。

現地活動の締めくくりとして、配属先の全国にある地域教育センターのＡＶ機器担当者を集め、本部でのＡＶセミナー宿泊研修を自分の最後の活動にしたいという延長期間の企画申請書を提出し、それが予算化され受理されました。そして職場全体とメンバーの協力があってなんとか私の最後の活動にできました。その報告書が完成したのはスリランカを出発する日の明け方でした。

ドタバタの中で、スリランカ空港までの荷物運びやみんなからの見送りにあって、飛行機の座席に着いた時、帰国の荷造りやついさっきまでレポート作成していたのが嘘のように思えました。長いようで短かった2年半を経て、今飛行機の中に一人になった自分に気づいたら、さすがにしみじみしてしまいました。飛行機が動き出すと同時に涙がポロポロこぼれました。

自分にいろいろなことを教えてくれたスリランカという国と人たち。この20代最後の青春時代にこんなにもお金に代えがたい多くの経験をさせてくれて本当にありがとう！　着任前の独りよがりな思い……。ボランティアとして困った人たちに自分は指導をするのだ！　スリランカのために！　といった当時の自分の思い上がり……。結局はスリランカの人たちみんなが縁あってやってきた私のことをボランティアしてくれていたに他ならなかったんだよなぁ。そして、眼下に広がるヤシの森を眺めながら誓ったのです。

これら2年半にわたるスリランカでの実体験を今後日本で生かすことこそが、私のスリランカへの恩返しになる……。

「企業で利益追求するような活動をするよりも、給料が安くてもいいから社会的に意義のあることを見つけ自分の仕事にしてゆきたい」

「スリランカで学んだことを未来を担う子どものために、何かできることはないだろうか」

そんな思いにかられた私は、帰国して地元駅で見つけた「区長へのハガキ」を投函します。

「私の経験を江東区で活かしたいのですが」と書いて……。

まもなく江東区役所から電話がありました。

「区の職員の応募ですか？」と聞かれたので、「そういう意味ではありません。自分の住んでいる地域の中でどんな仕事や活動があるかを知りたいし、何かお役に立てそうな場はないでしょうか、ということです」そんなやりとりをしました。

それとは別に、私は日本の青少年育成事業に関わる団体組織や行政の活動内容を情報収集し調べました。各省庁にはそれぞれ管轄のいろいろな外郭団体を持っていて、子どもに関連する活動を行う財団法人や社団法人などが数多く存在していることが分かりました。そして、そのいくつかにアポイントを取って直接訪問するなどしました。協力隊の帰国隊員というと既にそこに勤務されているOBもいるなどの理由で、訪問先ではどこも親切な対応をしていただきましたが、職員となれば「欠員ができた際に不定期に募集しますが、今はその予定はありません」という返事ばかりでした。

その中で、当時の総務庁（現在の総務省）青少年対策本部の外郭団体「青少年育成国民会議」という社団法人の求人をたまたま見つけます。会長は井深大……、かのSONY創始者です。そこで4月1日から契約職員の募集がありました。AV機器を取り扱ってきた自分にとって縁を感じました。しかも、職場は協力隊の話を聞いた国立オリンピック記念青少年総合センター内なのです。これは運命的な出会いであると思いました。何といっても組織としては、ここが日本の全都道府県の青少年育成行政に関わる主幹団体でしたし、仕事内容が「国際交流振興部・ASEAN青年招聘担当」とのことで、「これなら協力隊の経験も生かせる！」と、迷わず応募し職を得たのでした。給与条件等はどうでもよかったのです。

職員として働き始めている中、江東区からもアドバイスがありました。ひとまず社会教育課の青少年係を訪ね、そこで改めて自分のできそうな活動を探ってはどうか、というものでした。早速訪問すると、子ども会や地域活動に直接関わるには、区で主催している指導者講習会を受講したり、そこから活動をしている人たちとの人脈を作って具体的な活動を行ってゆく方法があるとのことでした。さらに、私の住んでいる地域は、西部地区なので、この地域の子ども会活動を取りまとめている潮江院というお寺の和尚さんを紹介してくださいました。

早速その足でお寺を訪ねました。特にアポイントなしにも関わらず、玄関で事情を説明すると、にこやかな顔の和尚さんが出てきて私の話を熱心に聞いてくださいました。あとで聞いた話ですが、その時の私の印象は、「面白い若者が飛び込んできたものだ」だったそうです。これが今の活動の最初の出会いです。ここから江東区の青少年指導員として、ジュニアリーダーの育成活動に関わるようになりました。１９８６年のことです。

さて、就職した契約職員の1年間はあっという間でした。延長も打診されましたが、同じ環境での2年目を過ごす選択肢は私にはありませんでした。改めて外資系企業を視野に就活する必要性を自らに課したのです。公私のメリハリのある実力主義・成果主義の外資系企業ならば、仕事で成果を出しながらプライベートの両方の時間をきっちり切り分けて充実させられる、休日や夏に青少年育成活動を継続するに都合が良いと思ったからです。そんな就活中のさなか、私の話をどこからか聞いた前職の先輩から連絡がありました。そして言われました。

「お前の性格からして外資系企業は合わないからやめておけ」

つまりこうです。

「多くの外資系企業担当者とのパイプをもつ経験上、お前のような人間関係重視型、協力とか連携とかいう言葉が好きなタイプは外資系の世界は絶対に合わない。社内で飲みに行くとか先輩・後輩とか、おごる・おごられるとかそういう体育会系・下町人情系のお前の働く環境としては１００%合わないからやめておけ」というのです。

その先輩の言葉には説得力がありました。そして、「そんな活動をしているなら、うちに戻れば？」と誘ってくださったのです。出向先で辞めた当時30名だった子会社は、すでに親会社から完全独立していました。当時悩まされていた営業活動の制約もなくなり、社名も変わり、また取引先メーカーの数や商品の幅も格段に広がり、新たなＡＶシステムを提案できる営業活動人員の補充に迫られているとのことでした。

「戻ってきなよ」

非常にありがたいお話です。入社後、わずか3年で辞めていった人間に対し、もう一度、ドアを開けてくれたのですから。さらに私にとってこの職場復帰にはこの上ない特上のメリットがありました。元の尊敬する上司のもとで改めて仕事ができることです。これを語ると長くなりますが、その上司は私にとっての島津斉彬公なのです。「自分ならではの仕事で貢献したい！」という思いをベースに、自分と自分の仕事両方を再び近いところで見ていただける、叱っていただける存在と環境は他のどこを探してもない！　と思うようになりました。

そんな思惑は前面には出さず、後日設定いただいた入社前面談では、当時の社長と会長に力強く、決意表明とともにちゃっかりとこんなお願いもしました。

「新卒でこの会社にお世話になり、仕事で学んだことを基にスリランカで活動して帰ってきました。3年以上のブランクを経て、この会社に出戻らせていただくので、この業界やビジネスで会社の期待に応えようという意欲はもちろん充分あります。正直それはプレッシャーでもあります。当面は必要とされる部門の中で任された仕事を遂行してまいります。ただ、自分ならではの特別な経験——協力隊員として現地スタッフとの関わりの中で自分の居場所を作り、職場で折衝したり、協力したり、教えあったりしながら自分の役割を果たしてきた経験は何らかの形で自分の持ち味としてこの会社の中で活かしてゆきたいと考えています。例えば、新人研修などの人材育成などです。もしずっとここで仕事をしていたら身につけられなかったであろう私の貢献できる専門性の一つだと思っています。今、社員は62名と聞きました。私がここで再就職させていただくと63名の会社になりますが、社員が100名を超えたら、『人』を扱う部署が必要になるでしょう。その人事の仕事については在職中の経験もある私こそが適任です。ぜひともその暁には人事をやらせてください」

今思えば、なんとずーずーしいと赤面しますが、真剣にそう考えていました。私の率直な熱い思いに気迫がこもっていたのかもしれません。結果的には元の会社に再入社し、その願いが聞き入れられたのです。そこには私の大好きな恩師の支援があったことは言うまでもありません。

当初は、新AVシステムの営業職の傍ら、4月の新人研修期間中は講師を務める二足のわらじでした。営業車でお客様訪問する車中で、私は運転中に助手席の先輩社員や上司に「会社100名人事専任者必要説」を毎回語っていました。そして再入社3年後、準備室を経て、社員100人を機に新設された「総務人事部」の実務担当として本格的に人事活動をすることになりました。

以後、2016年秋に定年退職するまでの約30年を人事に関わる職務、主に人材採用と能力開発、そして就業環境の整備を一貫して担当してきました。さらに言えば、私の新人時代からの恩師は、役員そしてのちに代表取締役を務められました。「社長室」の人材開発の専門職として様々な会社全体の人事施策に直接お仕えすることになったのです。

新入社員が辞めない会社

人事担当としての営業活動の一つは、学校とのパイプ作りです。会社の商品やサービスを売り込むのではなく、まずは学内の土俵に上げていただき、学生に会社そのものの魅力、他社との違いや将来性を売り込む場を頂戴するのです。首都圏を中心に、支店のある関西や中部地区の大学・専門学校はほぼもれなく訪問し、業務内容や採用予定職種の説明と求人活動をしてきました。学校の就職部――今はキャリアセンターという名称が多いですが――の担当者の信頼を得ることができれば、単に求人票を受け取ってもらうだけでなく、就職活動を行う学生と直接の接触ができるようになります。学内説明会で学校に呼んでもらえるのです。そのような積み重ねをもとに、仕事を通じて毎年年間1000人以上の学生とダイレクトに接触しました。企業説明の枠組を超えて、就職セミナーや業界セミナーでは、講師として学生へ企業側の採用担当者の視点での就職支援なども継続的に行ってきました。

そのような活動の結果、定年退職時の社員数237名のうち、86%にあたる現職205名の入社時の採用に直接関わることができました。32名は再入社前の役職者や先輩社員です。その中で自分でも誇りに思えるのは、入社後の社員定着率です。一般的に3年離職率3割と言われる新卒社員の離職率の中、わずか2．5%。全体でも9・4%におさえています。

その秘訣は、採用手法にあります。「協力隊員募集方式」を取り入れたことが高い定着率に結びついたのです。つまりこうです。事業計画・経営計画の中の次年度人員計画で、どの部門のどんな仕事にどんな新卒者を何名増員するか？　というのを、隊員募集のように職種と派遣国を先に具体的に明示して、志望者からの応募を待つ方法をとったのです。応募者の中からその配属先に、つまり現地の環境に溶け込んで健康を維持しながら活動し続けられる可能性を、選考を通じて確認し、その仕事に適任と思える学生を採用して、そこに配置する……。学校名や成績やコネは全く関係ありません。仕事と環境にギャップが出ないよう、応募してくれた学生と密に関わってゆくことが私ならではの採用担当としての業務でした。

出会った学生と企業とを結ぶ接点として、その入り口のところに単なる企業説明にとどまらない自分の思いと時間を費やしました。思いといってもピンと来ないかもしれませんので、具体的に表現すると、学校や学生さんに対する「真意」と「誠意」の2つです。学生には単なる熱意を表現するのではなく、企業側に「私はこの仕事に向いている、続けていける」ということれまでの学生生活での実績や客観的根拠を示しなさい！　と一貫して説いてきました。そして、私は仕事の魅力を伝えるのではなく、仕事の実態とその職務に就いている社員の姿や様子を伝えてきました。その実務の大変さに表面的で感覚的なイメージや甘い考えでこの世界に足を踏み入れるのは得策ではない……と思った学生は、わざわざその後の試験を受けには来ません。

つまり、私は職場環境と職務の実態をリアルに伝える努力をし、そこに違和感を覚えたら来ないでほしい……というのを暗に伝えていたのです。結果、自分自身の入社後の働く様子をイメージできた学生だけが残ります。その貴重な学生を現場に近い管理者が「この学生はわがチームの新しいメンバーにふさわしい」と推せば内定につながります。そして、内定者はそのビジネス環境に配置され、そこの新米として社会にデビューします。

学生にとっては、自分のこれまで培ってきたものを活かしてビジネスの本番で発揮できるわけですし、そこには尊敬できる目標となる先輩社員の存在があったり、仕事を通じて自分の夢をもつ者はそこに一歩一歩近づいている実感が持てたりします。

したがって、入り口のところでの企業と学生双方の接点……、つまり「協力隊員募集方式」と採用担当の「真意」と「誠意」によって、結果的に会社が「辞めない人材集団」になっていったという次第です。私にとっては、入社した社員は「可愛いわが子」と一緒であり、自らを「産みの親」と称していました。でも、所詮私は企業の入り口に関わったに過ぎないので、新人研修の最後には「産みの親より育ての親」であるという話をして送り出しました。それぞれの配属先に皆さんの本当の親が待っていますよ……ということも。

わが子に対する就職活動支援

ここからは、そんな私の人事担当としての経験を踏まえた上で、昨今の就活事情と、これからの就職活動へのヒントについて述べていきます。

本書を手に取っている親御さんの中には、就活なんてまだずっと先……とか、10年以上先の話を今されても……と思われるかもしれません。労働人口の減少化の中、現在は売り手市場といわれる就職市場ですが、お子さんが大きくなったときの社会情勢や企業環境はどう変化しているでしょうか? 政府の働き方改革の効果がどの程度プラスに作用し、働き手の量と質がどの程度向上しているかは予測不能です。ただ、この先さらにＡＩ（人工知能）やロボットによる仕事が増えるでしょうし、有能な海外人材や高齢者のさらなる活用など、自分たちの経験やイメージを超えた様子の変化の中で就職を余儀なくされることは確かです。

今からサッカー選手やテニスプレーヤーとして、またタレントや女優としての期待をわが子に持つ親御さんもいるでしょうし、うちはもう少し現実的に……と、安定した公務員の道を歩ませるべく学習塾や、その先の進学校や大学……のレールを敷こうとしている方も多いかもしれません。

ここでは、本来自らのもつ「生きる力」を踏まえた就職について考えていこうと思います。つまり、親の意向や社会情勢やマスコミ等の情報に右往左往することのない、自らの進路や生き方を切り拓いていけるような職の就き方と職とのあり方についてです。

第２章で紹介したように、キャンプ経験を皮切りに、ＪＬ経験を積み上げている子どもたちは、心配いりません。ここまで解説してきた通り、本質的な底力をベースにすでにビジネス人顔負けの基礎力を身につけていることに加えて、親のイメージした通りの、親に喜んでもらうための進路や職業に就くことがそのまま自分の人生であり幸せ……という概念とは違った自らの選択ができるからです。

さらに言えば、自分のやりたいことが分からない……というのはごく普通のことですね。決めつけや限定はご無用です。重要なことは自分の意思で積み重ねてきたことは無駄にはならないということです。キーマンとなる人との出会いやチャンスで、積み重ねたことが足し算でなく掛け算で、花開くことになる！　と私は考えています。その総合力こそ誰にもないその人ならではの持ち味となることでしょう。そして、本人のイメージする活動や仕事がそこにあれば、そこが大手・有名企業であろうとなかろうと自分の希望する組織・団体から「ぜひ我が社に来ないか」と引っ張りダコになること請け合いです。

一般的には、会社に入ったからには、その会社で任された仕事をやるのだ……という発想になりますが、「生きる力」を育んで積み重ねてきた若者は、そもそも進路を自分で決めているので、それとは全く違った意識をもって仕事に取り組みます。つまりこうです。

まずは、単なる思い込みや主観だけでない、自分の持ち味を把握しています。その持ち味を発揮するには？　さらに伸ばすためには？　の発想です。そして次に、自分にとって……にとどまらず組織にとっても社会にとってもプラスになるには？　という発想でアプローチします。世の中に存在する企業や組織は、それが実現できそうな器や箱である……という見方をするのです。そこを自分で見い出して掴み取っているのです。一般的な情報や偏った情報での決めつけではなく、自分の目と耳と肌での情報です。さらに、そこには仕事そのものの興味だけでなく、一緒に活動する仲間や環境も重要なファクターとして情報を集めています。就職が人生のゴールだとも思っていませんから、その先の活動イメージももっています。自分の働く場所を自らの考えで掴み取りに行く、その表現の仕方も、本来の「生きる力」を育んでいる若者は、決して高飛車や生意気にはなりません。明るくにこやかで嫌味がありません。仕事に対しては、働かされている・やらされている感覚ではなく、自分のミッション・使命として捉え、必要と思えるコト、大切なコトに向かって時間を費やしている、コトに打ち込んでいる……という感覚です。いわゆる「主体性」をもった働き方と生き方をしてゆきます。

どうでしょうか？　「生きる力」を育んでいると、仕事や就職観がこうも違うのです。大学生になって慌てて自己分析をしたり、就活塾に通ったり、就職に有利だから……と言ってボランティア活動やインターンシップ経験をしたりするのとは大違いですね。

「生きる力」を育む、またその環境を意識的に用意し、整え、支援することが親としての役割ではないかと私は思っています。親が設定したレール通りに進学校や有名校を経由して職に就くケースもあるでしょう。それがわが子の幸せにつながるならよいと思います。

変化の激しいこの世の中においてこの先、どうなってしまうのか？　……と、ただ心配するだけではなく、また頭ごなしに何でも否定するのではなく、今ここからできることを考えるにあたって、支援は学校の役割と力、そして今住んでいる地域の役割と力をうまく融合させることが大切です。

そこで今どきの若者の傾向と現状をしっかり理解するところから始めたいと思います。自分の頃とは、ずいぶん環境も様変わりしているわけですから、自分の経験を今の子どもや今の若者に振りかざしたところで、それが何の役にも立たないのだ……ということが認識できるのではないでしょうか。会社で若者の取り扱いに苦労している管理者の方々にも参考にしていただけるかと思います。

今、就職活動を行っている若者の実際の姿と背景をお伝えします。

今どきの若者はデジタルネイティブ世代

・平成30年、今の大学4年生は平成7年（1995年）生まれ
・ウィンドウズやアップルのPCソフトからWEB時代を経て中学から今日までモバイルアプリ時代で育つ
・スマホ利用者80％
・SNS（ツイッター、フェイスブック、グーグルプラスなど）利用者70％

まさに現在、就職活動に励んでいる若者たちは紛れもない「デジタルネイティブ世代」です。生まれた時からデジタル機器に触れ、ネット環境とともに育ってきた今どきの若者の傾向や思考様式は、親世代のそれとは大きく異なっていることは明白です。このあたりの大きな違いの認識こそ、なんとなく頭では分かっていても実感としてついていけない最大級のものだと思います。

こういった時代を経て今日に至っている就職活動中の学生や、新入社員は、どのようなこと

を考えているかの興味深いデータがあります。社員研修など行っている株式会社日本能率協会マネジメントセンターの意識調査です。従業員規模５０１人以上の企業を対象にインターネットで有効回答４１４件を拾った２０１７年６月のデータで、回答者が特定されないようあえて５００人以下の企業を対象にしなかったとのことです。

幼少期からインターネットに親しみ、現場・現物・現実の経験が少ない情報化社会の中で育ってきた近年の若年層が、いかに私たちとは違う独特な労働意識をもって就職しているかがここから読み取れます。

就職活動中の学生への意識調査

・自分はこれまで何かを勝ち取るために全力で取り組んだと誇れるような経験をしてきた
　ＹＥＳ…67・２％
・これまで自分にとって困難な壁であってもチャレンジしたような経験がある
　ＹＥＳ…58・０％
・疑問や答えのないことに直面した時自分なりに考え抜くような経験をした
　ＹＥＳ…71・５％
・これまで追い詰められた状況を自分から打開するために行動を起こしてきたという経験をした
　ＹＥＳ…64・３％
・これまでチームや集団の理想のために仲間同士で意見をぶつけ合うという経験をした

ＹＥＳ…56・１％

これら数値を見る限り、学生たちは自己評価として一定の「頑張ってきた感」をもっていると思われます。ただしそれはあくまでも本人の自己評価であり、自分としてはそう思いたい、自分に言い聞かせている的な回答も含まれているかもしれません。そこを含みおいた数字であることも留意したいところです。

入社した後の社会人としての意識調査

・一人前の社会人として活躍してゆくために今の自分に対してまだまだ課題が多く努力が必要だ
ＹＥＳ…81・１％
・一人で担当してゆけるようになったら責任ある大きな仕事を任されたい
ＹＥＳ…47・３％
・負担が大きく面倒な仕事でも経験すれば自分の成長につながるなら積極的に取り組む
ＹＥＳ…49・３％
・自己啓発について自分の興味関心事以外についても幅広く取り組みたい
ＹＥＳ…47・８％
・これまで経験したことのない大きな仕事に取り組む際、初めてだとしても１００％の完成度を目指さねばならないと思う

YES…60・４％

・会議準備にあたり自分の仮説や見解よりネットや書籍で調べた情報をまとめたい

YES…54・１％

・今後、部長課長といった管理職に昇進してゆきたいと思う

YES…49・８％

・業務時間外は自分のプライベートな時間なので会社からあまり関与されたくない

YES…68・６％

・通勤時間の過ごし方は学習・インプットより息抜きを大切にしている

YES…62・８％

これらの意識調査からどのような若者像が浮かび上がってくるでしょうか。

大方半々という感じではありますが、率直な印象としては、入社後まもない若手なのだから、もっとやる気満々の賛成票があってもいいのでは？　私は思いました。さらに言えば、その中で、任された仕事に対して６割が１００％の完成度を目指したチャレンジをすべきだと考えていることから、今は未熟ではありますが、これから少しずつ努力する所存であります的な、その場のチャレンジ意欲は見せておくべきだという自己防衛の意識も見え隠れしています。

また「会議準備の際には情報をまとめたい」の回答は、上司にできない自分の強みはここにあり、という感じもしますが、自分の意見を言って批判されるよりは、ネットや書籍に既に出

ている「正解」をまとめた方が安全だと思っているのかもしれません。よく言えば真面目なのでしょうが、仕事における個性はなかなか発揮できずに終わってしまいそうです。現実的であり、危ない橋は渡らないという堅実さですが、上を目指すという意欲も必要ではないでしょうか。グローバル化が進む現在、国内の仕事も中国やインドなどアジアからやってきた意欲、積極的精神溢れる人材にどんどん奪われてしまう可能性もあります。真面目さや奥ゆかしさは日本人の美徳ですが、それだけでは社会人として仕事をするには物足りないのも事実です。

「わんぱくでもいい、たくましく育って欲しい」

と、若い人に対してたくましさを求めるのはこうした理由からでもあります。

さて、このようなデータにも裏づけされるような、ビジネス社会における若者の具体的な傾向として、特筆すべきものを挙げていきます。極端で、断定的な書き方になってしまっていますが、みんながそうだと言っているわけではありません。そういう傾向にあるとご認識いただければありがたいです。

平成の若者たちの特徴

最近5年間の、10月時発表の大学卒業予定者就職内定率の推移を見てみましょう。これは文部科学省からの「学校基本調査」によるものです。

・2017年……75・2％
・2016年……74・7％
・2015年……72・6％
・2014年……69・8％
・2013年……67・3％

2008年9月のリーマンショック後にドンと落ち込んだ就職率は年々回復傾向にあり、就職活動に取り組む学生の環境も好転しています。2018年はバブル期の再来？　といった好景気も報じられており、進行中の2019年求人数はますます増加しているとのことです。

インターネット時代の到来により就職活動はガラリと様変わりしました。電話や郵便での企業と学生間での情報のやりとりは遠い昔……。ネット上には、面接時の立ち居振る舞いのマニュアルや、各企業の採用手法や担当者などの情報が溢れています。また、実際にその企業にアプローチした学生視点での体験からの評価や情報がアップされ、即座に就職活動生の間に広がる時代です。「ノベルティ商品のレアなお土産がゲットできるぞ」とか「待たされるし、ここの人事担当者の態度が最悪！」なんてね。

企業側も、学生たちがそうした出回り情報を得てくるものと想定しています。ですから、その上で学生の真価を測るための、また人物像を正しく把握するための仕掛けやツールをいくつも用意して対抗します。これは企業秘密ですが、エントリーシートや提出書類に学生側の効率重視のやっつけ仕事、数打てば当たる、とりあえずの企業の一社とみているか心が込められているものかは私なりのちょっとした〝仕掛け〟で見抜くことができました。読者の皆さんの興味にお応えするその仕掛けの一つをネタばらししましょう。

エントリーシートはコピペで量産できますし、企業側の面接や質問に対する回答は、要領を掴めば何度も練習していることもあって、そこそこ最もらしく表現できます。従って会社側はその学生の語る言葉につい期待したり騙されたりします。私の場合は逆です。

学生に質問するのではなく、質問させるのです。「何でもお答えする用意はありますから、知りたいことを質問用紙やメモで何なりと持って来てください」としてきました。

すると、その学生の質問の質で学生の会社や仕事に対する興味度と本気度が測れます。ホームページ上で開示してある内容を質問したり、どの会社にも同じようなこと聞いていると思しき質問をする学生がいます。私はその質問そのものに興味を持ちます。「なぜその質問をしたのか？　その真意を聞かせてください」と質問に対する質問返しをすると本音や価値観が見えてくるのです。来社してきて「特に質問はありません」っていうのが、一番危ない学生であるのは言うまでもありません。

現代の一般的な就職活動は、ひと昔前以上に企業と学生との「情報戦」「心理戦」の体をなしていますが、「腹の探り合い」というと感じが悪いので私は「心と心のぶつけ合い」で対応してきました。学生との関わりにおいて「真意」「誠意」の２つは不可欠であり、その効果は抜群でした。

ネット社会の到来は、企業と学生の信頼をも崩壊させてしまった感があります。企業側のメッセージは学生ウケするコピーやインスタ活用などが先行し、真意が届かなくなっている感がありますし、今日では企業側も学生の心の声に耳を傾ける時間と手間を省力化した仕組みを導入しています。ＡＩロボットのペッパー君に１次面接を代行させる会社や、アセスメントと称して学生の適性検査結果をデジタル分析して、デジタル結果票に基づいて次に呼ぶか呼ばないかを決める企業もあります。

今年３月、とある人事担当者セミナーに参加しました。そこに大量の応募学生データをデジタル分析によって効率よく選考を進めているという、大手電機メーカーのパネラーが１人いたので、会場で敢えて私はアナログの大切さを質問というか意見の一つとして投げかけました。そしたら、バッサリ切られてしまいました。安定した人材獲得とそのノウハウの企業継続を考えたら、そんな生の人間のアナログな対応方法ではその担当者がいなくなったらゼロだというのです。ゼロかなぁ〜、今後の企業の発展と継続性、また企業文化風土、社員の働きやすさ……など総合的に考えたら、義理や人情、勘、運みたいなものを含めて対応することこそ愛社精神や仲間（カンパニー）精神が育まれるんじゃないかなぁ〜、と思いつつ私は寂しくそのセミナー会場を後にしました。

そんなドライな企業側の対応が、あっさりと内定辞退してくる学生の対応にも表れてしまうのだと思います。「内定承諾書」に印鑑を押して返送することの重みは昔ほどありません。みんなも辞退しているようだから自分も構わないと、基準は他の学生であって、それまでの企業側とのやりとりを白紙にしてしまう申し訳なさや後ろめたい感情は少なくなっているようです。企業側の誠意ない対応は、学生側からも同じ対応をされることになるのです。そのことも、その先入社後3年で3割がさっさと辞めてしまうという現実にもつながっていると思えます。私は、心から思うのです。本来、就職活動とは、デジタルでもなければ〝狐と狸の化かし合い〟や〝腹の探り合い〟のようなものでも決してない。だからこそ先に述べたようなネット時代だからこその〝いまここから〟の心ある人と人、人と企業組織との関わり方があると……。これこそネット社会における他社との大きな差別化です。「真意」と「誠意」のアンテナ感度に、引っかかった者同士の就職と採用の姿を取り戻してゆけたらいいなと思います。大量な応募学生をふるいにかけて選考するのではなく、学生の「真意」と「誠意」を、同じく「真意」と「誠意」をもって正しく測ってゆくお見合いのような選考ができる企業が社会に存続してゆく優良企業です。

「企業は人なり」、と一般的に言われて久しいですが、私は職務を通じて「子どもは国の宝」と同じような活動を何かに導かれるようにしてきたように思えます。

興味をもって会社訪問してくれた一人一人の学生に私自身が縁を感じて興味をもって接してきたという実感があるからです。その学生の進路に対して、企業の人材選考採用窓口という役割でというより社会の窓口・ガイドを担っているような意識でした。ですから企業説明会は、「企業ガイダンス」と称していましたし、学生からは就職説明会のようだと評されました。「ここに入社することがあなたの将来にとってどんなプラスがあると思うのか？　続けていけそうな根拠を、私の企業説明を通じて探ってほしい」「その仕事をやりたい理由でなく、向いていると思える理由を聞かせてほしい」そう問いかけガイドし続けていたからです。その理由と根拠を改めて自分の胸に手を当てて丁寧に回答をしてくれた学生からは、間違いなくその「真意」が「熱意」とともに伝わってきたのです。

人の心……、願いや喜びや感謝や時に痛みといった心を伝える機会は、日常生活を営んできて、また就活といった場も含めてどれほどあるでしょうか？　伝えることもさることながら、人の心を感じ取り、その心を受け止められる、そして心を動かされるような経験を一つ一つ積み上げる環境が減ってきているからこそ、意識的にその環境を創って、そのような経験をしてもらいたいものです。何も感じない若者、ドライな割り切りや諦め「だって世の中ってそんなものでしょ？」のマイナス現象がはびこってしまう世の中に、少しでも多くの大人の手で歯止めをかけたり、「世の中捨てたもんじゃない……」の明るい話題や事例を身近なところから増やすことが必要であると痛感しています。

採用においてはもちろん、心ある人、心を伝えてくれた学生の全員が採用……というわけにはいきません。でも、私なりに一人一人に感謝を込めて、その進路への応援をしてきたつもりです。もれなく不採用通知の全員に手書きで適性検査結果や提出書類について応援コメントをつけて同封したのはその一つです。会社訪問して、熱心に私の回答に耳を傾け、時に嬉しそうに納得した学生一人一人の顔を思い浮かべながら、適材適所のヒントを書いて投函したのです。その結果、その後他社で内定した旨の報告やお礼の手紙をもらうことがありました。年末に学校のキャリアセンターに、その年の求人協力のお礼と報告に伺うと、担当者からも感謝されました。私の就職に対する本質的な、時に厳しい対応が、学校指導とはまた別の角度から本人の就職意識や仕事に対する考えが鍛えられ、不採用学生のその後の内定につながったというのです。また、展示会場など人が多く集まる会場で、いきなり「覚えていますか?」と声を掛けられて、「今はここで働いています」と当時の不採用学生から名刺をもらったこともあります。心ある仕事に取り組んできた証かも……と嬉しく思えるエピソードです。

片や、不採用通知でなく、内定通知を送ったその当時の学生たちが、いまの会社の社員です。その会社は今年節目の50周年を迎えました。8月に社員家族も含めた約300人の祝賀パーティがあり、そこに招待され出席してまいりました。久しぶりに私の血のつながっていない会社の子どもたちとの再会……。さらに社内結婚で母親業に転職した大勢の娘らの姿……。何よりも嬉しかったのは、それら子どもたちが私の前に本当の親を連れてくるのですね。そしてこんな言葉をくださったのです。

「ずっとお目にかかりたいと思っていました。うちの子が今日あるのは、学生の時から浴していただいたお陰です」。

若者と組織との関係性

ここに、昨年2017年9月に厚生労働省発表の「3年離職率」のデータがあります。2014年4月に大学から新卒採用された当時の新入社員たちが、1年、2年と経つうちにどの程度辞めていくのか、丸1年たった4月時点での離職率です。

・2015年4月時（1年目）……12・8％
・2016年4月時（2年目）……22・8％
・2017年4月時（3年目）……31・9％

これは四年制大学を卒業した社会人を対象にした数字です。短大卒や高卒を含めると、離職率は40％を超えます。結果的に3人に1人かそれ以上の若者が、3年経たずに最初の会社を辞めていることが分かります。これが今の傾向です。

なぜ若者たちはせっかく入社した会社を辞めてしまうのか？

その最たる理由はミスマッチ、つまり「入った会社が、自分の思ったような会社ではなかった」というものです。

私は、新卒採用を長く経験し、毎年1000人以上の学生と接してきました。そして、3年離職率をわずか2．5％という極めて低い水準に留めることができました。辞めない学生の研究と反省含めて、辞める要因のあくなき追求をしたからだと思います。

「若者が3年で辞める」原因でまず言えることは、学生は「就職活動ではなく、入社活動をしている」点にあります。現在、ほとんどの学生が行っている就職活動は、就職（＝職に就く）ではなく、入社（＝会社に入る）ための活動です。ですから、会社に入ったことでその目的が達成されてしまい、そのあと自分自身がなすべき仕事にまでイメージが至っていないのです。

学生の就職活動は、まず自分の働きたい業界を絞り、業界研究をするところから始まります。次にその業界内で入りたい企業を何社かリストアップする。そして、エントリーしてそれぞれの会社の採用計画や採用予定に沿ってあちこちの企業説明会を回ります。

最初の登竜門として書かされ提出したエントリーシートは、本人としても出来が不十分で、書類審査で落ちることがほとんどです。何度か書く中で徐々に内容もブラッシュアップされ、ようやく筆記試験に進めたとしても、企業が設定する基準点に足りなかったり、出てきた適性検査結果にその企業なりの基準に反していたり、企業の課す論作文の内容がイマイチだったりして、面接になかなか進めなかったりするのです。

それらのハードルをクリアしてなんとか面接に臨んでも、1次面接・2次面接……とステップがあり、最終の役員面接まではまだ遠い道のりです。

長い選考過程で、手持ちの札を使い果たしてしまったら、また別の企業に一からアプローチしなければいけません。志望度のランクを下げて、業界や企業を選び直して、エントリーシートの提出から始めるのです。このサイクルを、どこかの企業から内定がもらえるまでひたすら続けます。いや、もらったとしても納得がいかない場合は続けるのです。

これが現在ありがちな学生が奔走している就職活動という名の「入社活動」です。

ちなみに、2017年卒の学生に対して就職活動全体でかかった費用を尋ねたところ、平均して17万960円だったそうです（就職みらい研究所「就職白書」2017より）。全国平均でこの金額ですから、地方在住者ではさらに交通費など多くのお金がかかったことでしょう。

子どもが就職活動を直前に控えた大学4年時になって、「どうしよう」「うちの子は就職できるのだろうか」「なかなか内定がもらえないみたい」などと慌てたり、やきもきすることを考えたら、どうでしょう？　本書の主旨である小中高校生のうちからできることに目を向けて、やっておくべきことがたくさんあることに早くから気づいて実践されてはいかがでしょうか。

就職活動が入社活動になっていることは、採用される学生にも、採用する企業にも、双方にとって不幸なことです。

学生にとってみれば、就職活動が困難でかつ長期化すればするほど、会社の一員になることだけが目的となっていきます。アプローチした会社から、とにかく内定がもらいたいと考えて、複数の企業に手当たり次第エントリーしていくのです。面接試験などの選考過程において、その会社での希望の職種ややりたい仕事をアピールしたとしても、実際にはその仕事に就けるとは思っていません。自分のイメージした良い会社をひたすらピックアップして、その会社に入るため「だけ」の努力を行ってきた学生たち。彼ら彼女らがいざ入社して、「社会人として頑張ろう」とスタートを切ります。しかし、働き始めてみると、外から眺め学生時代に予想していた理想はそこにはありません。単なるイメージや想像とは違った「こんなハズじゃなかった」ことが次々と起こるのが現実です。

「就職活動時に描いていたイメージと全然違う」
「希望の部署に配属されなかった」
「上司や周りとの人間関係がうまくいかない」
「自分のやりたいことがこの会社ではこれからもやらせてもらえそうにない」
「事前に聞いていなかった待遇面のマイナス要素に納得いかない」

こうしたギャップが、「3年で3割が辞める」現実を生んでいるのです。

新卒で採用した社員が3年もたずに辞めてしまうのは、採用する企業にとっても不幸なことです。会社勤めをした方ならお分かりだと思いますが、新入社員が一人前の戦力として成長するには、最短でも3年はかかります。社員が一人前になるまでの数年間、「将来への投資」として、会社はビジネス人としての教育をしながら給料を支払うのです。自分の人件費や経費分も稼げないうちに会社を辞められてしまうのも企業としては大きな痛手です。それでも全業界おしなべて3割を失っているのです。

こうした不幸なギャップを生んでいるのは、学生やその親たちがもつ「良い会社」という幻想です。

就職活動中の学生に「良い会社って何?」と尋ねると、次のような答えが返ってきます。

「大手である」「上場企業」「有名で誰もが知っている」「成長業界にある」「給料がいい」「ボーナスが出る」「毎年、昇給する」「週休2日以上」「残業がない」「福利厚生が整っている」「通勤が便利」「社風が魅力的」「人間関係がよさそう」「自分を成長させてくれる」……

挙げていけばキリがありませんが、これらをストレートに「志望理由」にするのは露骨なので、学生はなんとか体裁をつけたオブラートに包んだ表現を考えます。日本社会における「良い会社」の定義は、大体このあたりに落ち着くのです。

しかし、こうした条件さえ満たしていれば、果たして本当に「良い会社」なのでしょうか。「そうではない」からこそ、「3年もたずに辞める」時代になっているのではありませんか。

そして学生たちにも言いたいのです。

「確かにこのような条件を満たす会社は良い会社でしょう。しかし、あなたはそれに見合った良い人材なのですか?」と。

学生目線でいうところの自分の「入りたい会社」の最終決定ポイントは何か? そのアンケート回答があります。ここ数年その傾向は同じです。

第1位は自分の能力が発揮できそうな会社

第2位は仕事環境が心地よさそうな会社
第3位が給与面で自分らしく安定した生活が送れそうな会社
この回答ですでに学生側と会社側の願い、企業が求める人材像とにギャップが見られます。企業目線からすれば、「おいおい、心地よさと安定よりもまず優先すべきは、お前の能力とやらを発揮して業績につながる組織から求められる成果を出すことだろ！」っていうことなんですから。

そんなギャップを最初から持って入社してくる新人です。入社後、企業と新人との関係においてどうなるでしょうか？　結果2つの現象をもたらすことになります。

ひとつは早期退社です。入社してから雲行きが怪しくなってくる。そして、そもそも本当にやりたい仕事ではないからとか、自分が思っていた会社ではなかった……とか言って3年3割がサッサと辞めてゆくのですね。

もうひとつは配置された職場からの声。

「なんでこんな新人がうちの部門に配属されてきたんだ？」と疑問と不満の声です。いわゆる〝いまどきの若いもんは〟っていうものですね。やることなすこと理解不能であり扱いも難しい……、その結果入ってきた新人に対する評価が低くなる……ということもさることながら、送り込んだ人事部門や会社に対する疑問や不信につながってゆきます。

「なんでこんなのが入社し、うちに配属されてきたんだ？」その訳がわからない、信じられない、採用した会社が悪い、人事が悪い……となるのですね。
会社側、また人事としても就職して入社してきたところで、パッと一人前の社会人になれるとは考えませんから、配属にあたって入社後は会社全体や組織・事業のよりリアルな情報提供と理解を促すべく研修を行います。〝新入社員研修〟というものです。ここでは、ビジネスの基本、つまり仕事に取り組む姿勢やビジネスマナー、会社とは？　組織とは？　チームワークがなぜ必要か？　実際にグループワークを通じての体験学習を、また、円滑な人間関係を築くために必要な対応……などなど〝社会人としてのいろはを伝え習得させるためのプログラム〟を計画します。そして新しい環境のスタート、気持ちがホットなうちに新社会人に研修を施してゆくのです。

それでもです。ここで一般的に会社の人事担当者の間で聞こえてくる「こういう若手社員が増えている」と共通の話題となる社員像をいくつか挙げてみます。

◎オフィスにかかってきた電話に出ない

……そもそも携帯やスマホとは違って、これまで発信元が判らない電話に出たことがないのです。職場にかかってきた得体のしれない相手の電話を取ることができません。また、電話に出るのは自分の仕事ではないと思っている、あるいは電話のやりとりを周囲に聞かれるのが嫌なのでしょう。対応のまずさ、尊敬語・丁寧語・謙譲語などの言葉の違いも判らないまま敬語を使わねばならない場面において恥をかきたくない、失敗したくない、まともな受け答えもできないことを露呈したくないのですね。

◎常に正解を求め、すぐに結果が出ることにしか興味を示さない

……これまでの学校教育や受験のひずみのひとつなのでしょう。求められるものの結果には、〝正解〟と〝不正解〟の2つがあって、正解は過去の前例がベースです。その正解に〝早く・楽して・効率よく〟たどり着くことが重要と考えています。試行錯誤の中で、階段を一段ずつ上がってゆくという意識が希薄なので、コツコツ努力するというよりは、要領よくその正解を求めるスピードと積み重ねこそが高いところに上がるポイントであり理想なのです。そういう人がスマートでカッコいいというイメージが強い傾向にあります。

◎顧客あるいは組織より自分のやりたいことを優先する

……要するに、他人よりも自分の方が大切だということです。柔軟な考え、また変化の中で対応が求められる状況において、自分で最初にこうしようと一度決めたことを崩したくないし崩せないのでしょうね。全体にとってや、その先のことにとってを考えるよりも今の自分にとってが前面に出てしまいます。ですから仕事のスケジュール変更や、時には残業してまでやるべきことをやるとか、お客様や組織や同僚よりも自分の都合のほうが大切なのです。よって上司から飲みに誘われても付き合いません。友だちみたいには飲めないし面倒くさいからね。「すいません。僕は他にやることがありますので失礼します」

◎根拠のない自信

……仕事を何か頼みます。または確認のために声をかけると、ほぼ反射神経的にこう答えるのです。「はい、判ってます。大丈夫です。頑張ります！」と。その実は全然わかっていない、できもしないくせについいこう言い切ってしまうクセがあります。「上司をひとまず安心させること」「この場を早く逃れよう」「できない自分を見せてはいけない」という意識の表れかもしれません。そう答えながらはたと考える、ホントに大丈夫なんだろうか、ちょっと不安、まあそうなったらそうなったで何とかなるだろう。実は何とかならないんですよね、だから心配して声をかけているのです。教わり下手であり、叱られ下手のなんと多いことか。

◎「グーグル先生」への依存

……何か問題があると、自分の頭で考える前に、スマートフォンやタブレット端末からインターネットの検索サイト「Google」にアクセスする。そこを検索すると答えをちゃんと教えてくれるありがたい先生が常にそばについているのです。さらに、検索結果として出てきた情報が正解であり絶対だと思い込むのです。多種多様な人間集団の中で、また日々刻々と変化する世の中において、ネットで出てきた情報を正解として、その回答を絶対視してしまう傾向は極めて危険です。だって「なぜそうしたんだ？」の答えが、「ネットにそう書いてありました。そう出ていたので」なんですよ。様々な経緯を経て、今ここで起きていること、置かれている状況とまわりを取り巻く多くの情報の中から、自分の頭で考える、仮説を立てる、それがどんな状況を生むかのケースを複数想定してみる、そうなった場合の対応は？　など考え抜く、やってみる、評価する、次に生かす、生み出すというＰＤＣＡ意識は非常に希薄になっているようです。

◎仕事の目的は「転職できるスキル磨き」

……入社早々から「僕はずっとこの会社にいるつもりはないんで」とか「ここで経験を積んでステップアップするつもり」などと言って憚《はばか》らない新人も少なくないのだそうです。確かに、不透明で不安定な時代をうまく生き抜こうとする意欲は否定しませんし、ヘッドハンターにスカウトされたり、自分の専門性を活かして起業し成功を収めているカッコイイ例はあります。将来自分もそんな自由な生き方を！　という夢を持つのは良いと思いますが、その前に今ある能力がどれだけのものなのか？　自分の真価を市場ベースのモノサシで客観的に見て考えたほうがよいのでは？　と地に足をつけて、いまここ…をベースにした本人への気づきを促したくなる私がいます。

――と、挙げだすときりがないのでこの辺にしておきます。

勤め人の方であれば「ああ〜、確かに居るわぁ　そういう若いのが……」とその顔や姿がまざまざ蘇ってくるのではないでしょうか。

特にSNSに代表されるネット社会が若者にもたらした影響はとても大きいですね。人間関係が希薄ながらも、要領がいいというか、基本的に自分の頭で考えようとしない。それでも〝まあまあ……そこそこ……何となく……それなりに……〟っていうんですかね？　でんでん虫虫カタツムリ〜の童謡ではないですが、お前の頭はどこにある？　と聞きたくなるような「マニュアル人間」の極みのような新入社員が、毎年大量生産されてビジネスや実社会デビューしてくるのです。そして、入ってきたでんでん虫を受け入れた企業や組織は、今どきの新人に対して「どうやって育てればいいのだ？」と頭を抱えるんですね。

昔の常識は今の若者の非常識……を前提に、企業は生き残りと今後の発展成長を目指すことになります。いまどきの若者の良さを活かす、そしていまどきの若者のテイストに見合った対応をしてゆくことが求められています。その変化への対応着手が遅れた企業の行く末は、笑い話のようですが、実務を担う働き手をみると、とうとう高齢者と外国籍を持つ人たちだけになってしまった……なんてことにもなりかねないと危惧するのです。

そういった入社後のトラブルを回避する施策として、多くの学生と接する窓口担当者の立場からいえば、企業が採用したい学生は、「入社活動」をしている学生ではない！と断言できるのです。採用に値するのは、きちんと「就職のための活動」をしている学生です。

分かりやすく言い換えれば、採用したいのは、「その会社に入りたい人」でもなければ、「その仕事に就きたい人」でもありません。

「採用に値する人」とは、次の３つの条件を満たした人材です。

①入社後お願いしようとする仕事に「向いている人」
②その仕事を遂行していける「スキルがある人」「可能性を感じさせる人」
③その会社の一員として違和感なく「馴染める人」

この３条件を満たした人材が、入社後に「社員として長続きする人」です。エントリーしてきた学生に対して、この条件を確認するのは、さほど難しいことではありません。次の３ステップで面接に至るまでの候補者が絞り込まれます。

メールを通じて前述の「採用に値する人」の条件①②と志望職種との関連を本人に尋ねる

↓返信してくれるのは２分の１程度？

さらにメールでなぜ同業他社でなく我が社なのかを尋ねる

↓返信はさらに３分の２程度？

会社訪問時に知りたいこと確認したいことを質問してもらう

↓③が分かる

学生からすれば、エントリーそのものはクリック一つで簡単にできます。それにいちいち返信する人事担当も珍しいですが、深く考えていないのにいちいち聞かれると、それを考えて返信するのが面倒になるのでしょう。面倒というよりウザイ担当者なのでしょう。その担当者に質問メモを持って会いにゆく……なんていう会社訪問も学生にとっては珍しかったと思います。一人30分ずつ、１日限定16名を３日連続……とかで私はやっていました。極真空手の「１００人組手」さながらです。

とくに③は、学生側には分からないかもしれませんが、企業側からすれば３秒・３分、そうですね、30分もあれば充分確認できたのです。

「これが私です」をつくる

一般的に、企業の採用担当が、多くのエントリー学生を選別するのに割ける時間は限られています。選考に際して企業は、学生にいくつかの提出書類を課します。私は学生に、企業が最初に知りたい情報は「自己ＰＲ」と「志望動機」の２つだと言ってきました。

ところが、自己ＰＲにおいては、企業側と学生側に大きなギャップがあります。

企業が採用基準で重視する項目の、圧倒的な1位は「人柄」（92・9％／以下、複数回答）。2位に「自社／その企業への熱意」（76・1％）、3位は「今後の可能性」（68・8％）です。

一方、学生に面接でアピールする項目を尋ねると、「人柄」はわずか47・3％しかありません。「自社／その企業への熱意」は25・5％、「今後の可能性」は11・8％にとどまっています。

逆に学生がアピールする項目の上位には、前述の「人柄」に続く形で、「アルバイト経験」（39・5％）、「所属クラブ・サークル」（27・6％）、「趣味・特技」（24・3％）が並んでいます（就職みらい研究所「就職白書２０１７」より）。

このように、企業が採用基準で重視する項目と、学生がアピールする項目が大きくずれているのです。

つまり、採用に結びつかない「自己PR」は、例えば次のようなものです。

・〇〇サークルや△△ゼミに所属して、副長を務めました。
・ゼミの団体の中で協調性を保ちながら、担当した役割を全うしました。
・アルバイト経験を通じて、責任感とコミュニケーション能力を培いました。
・「やる気」は誰にも負けません。入社したら誰よりも頑張ります。

「これが私です」「This is Me」と伝えてくる自己PRのほとんどに、題材は様々であったとしても、その人らしい個性や魅力が浮かび上がってくる情報は含まれていません。採用担当者の目から見れば、「どこにでもいる十把一絡げの普通の学生」とカテゴライズされるのです。

採用担当者側は、「そんじょそこらの20歳とは違います！」っていう話に期待しているのです。でも、近年はそういう学生になかなか出会えなくなりました。なぜなら、これまでの学生生活を「なんとなく」「そこそこ」をフレーズに送ってきてしまっているからです。

時間は元に戻せませんので、そういう学生に対しては、もう一度自分が歩んできた道、費やしてきた時間、集中して取り組んだことの中から「これが私です」「This is Me」を改めてじっくり探しなさいとアドバイスしています。また、どうしても見当たらないなら、それがないことに気づいた日から1日1時間でもいいから毎日欠かさず何でもいいので続けてゆくと1年で365時間分の「これが私です」「This is Me」がつくれるよとも……。

「ボランティア経験」を題材にする学生もまれにいます。今やあらゆるサービスがお金で買える時代ですから、人のために何かをするのは、非日常的なイベントでもないとなかなかできない世の中です。その中でボランティア経験を自らのウリとする学生には興味がそそられます。アルバイトであれば金銭的報酬がついてきますが、ボランティアにはついてきません。ですから、ボランティアをするきっかけと、その結果どんな精神的報酬を得たのかを尋ねます。そこで学生の価値観を推し量ることができます。

しかし、就職活動において学生が口にするボランティア経験は、残念ながらその大部分が「就職活動のための材料」「エントリーシートに書けるネタ」となっているのが現実のようです。その中身を語らせる学生の内面はその表情で……、またさらに、前述のようなこちらのツッコミ質問の回答によって、にわか仕込みの表面的な面接対応術や、就職活動マニュアルに載っている問答集のような体裁がよいだけの受け答えかどうかが分かってしまうのです。採用のプロは、その学生の人間性を浮き彫りにさせる術をたくさん持っているのですから。逆に、分かりやすいのは、自分の体験談を楽しそうにイキイキと語ってくれる人です。その学生がこれまでの人生で思考したことが具体的な行動となって、そのまま作り物ではない「自己ＰＲ」として、その学生の人柄や個性を浮き立たせます。それがその組織における新しい味付けになり風になり、社外に対して新しいファンが作れそうなイメージにつながった学生が文句なしに「ぜひ採用！」となるわけです。

ジュニアリーダーＯＢの「活動が役に立ったこと」の中にこんな回答も発見しました。

「就職面接の時に大いに語らせていただきました。ボランティアの種類は数多くあれど、ＪＬの話ほど面接官から興味を持って聴いていただいた記憶はありません」

「面接でＪＬのことを聞かれました。キャンプや地域活動の話をつい熱く語ってしまい、ほとんどその話だけで終わってしまいました。その会社に今でも勤めています」

おわりに　地域社会で育む子どもたちの「生きる力」

被災地の「キャンプ村」に思う

大きな地震だけでなく、西日本地域に甚大《じんだい》な被害をもたらした「平成30年7月豪雨」。私たち人間は自然の猛威《もうい》の中で、改めて無力であることを痛感させられます。

２年前の熊本地震の際、アルピニストの野口健さんは、被害の大きかった熊本県益城町へ自主的に乗り込み、日本初の「テント村」を1ヶ月半にわたって運営していました。岡山県総社市の協力を得て行われたこの災害支援の取り組みは、被災自治体からの要請を待たずに物資類や人材を投入する「プッシュ型支援」のモデルケースとしても注目されました。

当初はテントを届けるだけの支援を考えていたそうですが、被災者がテントを扱えるかどうかはわかりません。そこで、場所を確保し、テントを設営して、そこに入居してもらう「テント村」というスタイルが考案されたそうです。テントの設営や、テント生活に必要なノウハウなどは、野口さんの事務所のスタッフと、協力した岡山県総社市の職員が担いました。

野口さんが運営されたテント村は、仮設住宅ができるまでの、いわば「つなぎ的仮住居」です。当初は、衛生面や安全面などで心配する声もありました。しかし、自宅にとどまって倒壊の危険性にさらされる、あるいは車中泊を続けてエコノミークラス症候群等の疾病を引き起こす可能性などを考えたとき、これ以上ないと思えるほどの妙手だったと思えるのです。

テント村では、ピーク時には約６００人の避難者が生活しましたが、苦情や不満は少なく、むしろ満足度が高かったといいます。それは野口さんはじめ運営側の様々な配慮や対策もあった上でのことだと思います。

野口さんがテント村を考案した理由として、避難所が「すし詰め状態」だったことが挙げられています。地震大国の日本において、災害時の避難所の数が足りているかどうかは、大いに疑問があります。避難所の数を増やすことは当然として、それを補完する意味でのテント村の活用は、今後、大いに検討されてしかるべきでしょう。

野口さんはテント村について、著作の中でこう述べています。

《アウトドアというのは、得手不得手がないわけではないが、基本、経験値がものを言う。屋外で活動することを面白い、楽しいと思う人は、繰り返し出かける。何度も行っているうちに、色々なことに対して「どうしたらもっとうまくできるか」という知恵が身についてくる。

テントの張り方などはまさにそうで、張り方が悪いと雨が沁み込んできたり、風で飛んでしまったりする。風が入ってくる方角を入り口にすると、中に風が入ってきて、テントが飛びやすくなる。風が強くなりそうだったら、ペグを打って補強することが大事だし、ポールが曲がったり折れたりしたらメンテナンスもしなくてはいけない。

最初、地震で行き場を失っている熊本の人たちにテントを送ろうと考えたとき、はたしてテント生活をしたことのない人たちがテントを扱えるのか、ということを疑問に思った。そこからテント村という発想が出てきたのだが、実際問題としても、行政の職員で『アウトドアのことなら任せてくれ』というような人は少ないと思う。

そこで、民間との連携を勧めたい。アウトドアの知恵を身につけている人たちが、どこの自治体にもきっといる。》

（野口健著『震災が起きた後で死なないために「避難所にテント村」という選択肢』ＰＨＰ新書、２０１７年、２０３頁）

野口さんはこの後で、「民間との連携」の具体的な対象として、ボーイスカウトや地域の消防団を例に挙げられています。

お気づきかと思いますが、ジュニアリーダー経験者も、災害時には本質的な対応には充分な人材になり得ます。

２０１１年3月の東日本大震災以降、災害時の「自助・共助・公助」ということがさかんに言われるようになりました。

・自助……自分で自分を助けること
・共助……家庭や企業、地域などのコミュニティで共に助け合うこと
・公助……行政による救助や支援のこと

これまでは多くの人々が「災害が起きても国がなんとか助けてくれるだろう」と漠然と期待を抱いていたと思います。しかし東日本大震災の衝撃でその期待は吹っ飛びました。「いざ」というときに、国や自治体が守ってくれるとは限りません。

自分の身は自分で守る（自助）、そして自分の周りの人たちと助け合う（共助）という意識が、日本人の中に芽生えてきたのです。

この「自助」と「共助」を実践する上で、キャンプ経験者、そしてジュニアリーダー経験者は、大いに力を発揮します。

先に、野口健さんの「キャンプ村」の例を挙げました。野口さんも「はたしてテント生活をしたことのない人たちがテントを扱えるのか」という疑問を抱き、結果としては運営スタッフも準備することになりました。

災害は、いつ、どこで発生するかわかりません。もしあなたが災害に巻き込まれたとき、国や自治体が助けてくれるかどうか、そして野口健さんのような方が支援してくださるかは、まったくわかりません。

もし仮にあなたがキャンプ経験者で、自宅にキャンプ道具があったとすれば、仮に自宅が被災しても、自助によってなんとか対応ができることでしょう。日本では、災害発生から最大でも1週間、自力で生き延びることができれば、その後は国や自治体の支援に頼ることもできます。共助においても、キャンプ経験、JL経験者の分母が増えるということは、地域の子ども会という狭義での運営を超越し、また「社会人基礎力」をもはるかに凌駕《りょうが》する地域活動の推進やすでに持っている人間関係をもとに、周囲の人々との連携において、その力は大いに発揮されるに違いありません。仮に行政が運営する避難所であっても、災害時には人手が足りないことが常です。避難所の運営や団体活動でのリーダーシップ……といった「底力」という面で、JL経験者が頼りになることは言うまでもありません。

災害大国の日本において、「自助・共助」の力を育むという意味で、キャンプ活動とJL活動の可能性はもっと注目されてしかるべきではないでしょうか。

地域の大人との「ナナメの関係」

ここで私が災害時の話を書いたのは、「地域の重要性・可能性」にもっと目を向けてほしいと思うからです。そして、地域の可能性を大きく開く第一歩として、JL活動は最適なのです。

人の「縁」で最も近いものは親兄弟親戚……といった「血縁」だと言われています。その次に近い縁は、実は人間が暮らすコミュニティとして「地縁」が挙げられているのです。

昔はそうではなかった……といくら言っても、今は戸締りをしないで済む世の中ではありませんし、台所の調味料を切らしてしまったらお隣から借りる、何か悪さをしたら近所のオジサンに雷を落とされる……ってのは昭和の子どもまでの経験にとどまってしまった感があります。

私は、今の子どもたちに足りないのは「ナナメの関係」だと思っています。

親子関係は上下、友達関係は左右のベクトルだとすれば、ナナメというのは「親戚のおじさん・おばさん」そして、今は核家族化によって親戚も近くにいませんのでナナメの役割を果たすのは「地域のオジサン・オバサン」「地域のお兄さん・お姉さん」「地域の同級生の弟や妹」がそれにあたります。

子どもの成長期においては、遅かれ早かれ必ず思春期を迎えます。覚えがあるのではないですか？　親との関係をわずらわしく感じたこと、反発を覚えた時期が……。

一方で友達関係も、うまくいっているときはいいですが、ひとたび仲たがいすると修復に時間がかかります。学校は同質性の強い集団ですから、個性的な子ほど息苦しさを感じるでしょう。異質な存在を排除しようとする動きがいじめにもつながります。

最近の学校では「スクールカースト」といって、クラスの中でランクの上下に分けられることがあるそうです。上下関係と左右関係の、悪いところだけが合わさったような現象です。

地域の人間関係のよさは、毎日一緒にいないところです。家や学校の人間関係は毎日付きまといます。地域の人間関係は、たまに偶然会えば声をかけられる。もし会いたくなればいつでも会える。そうした距離感と気楽さが、息苦しさをかかえて毎日を過ごす子どもたちの息抜きになり、ときには逃げ場所になるのです。

ＪＬ活動も、毎日、毎週やるわけではありません。キャンプ前などは確かに忙しいですが、年に何回かのイベントごとのプロジェクトチーム的に集まる感じです。そのため、頻度はある意味コントロール可能です。

ともすれば、親や友達ですら自分の味方ではないと思ってしまうのが、思春期の子どもたちです。地域の人間関係は、味方だけれども、依存するほど近くない。自立しながら、必要なときには甘えることもできます。

学校でのいじめなどを苦に自殺をする子どもがニュースで表沙汰になるたびに、その氷山に胸が痛む思いです。その子にとっての居場所や理解者を作ることができなかったのでしょう。地域社会で大人や年長者、仮に年下であっても「ナナメの関係」を築くことができていれば、そこが少し安心できる居場所であったり、自分だけで作り上げてしまった世界から外に目を向けるきっかけになったりするのです。子どもたちのセーフティネットとして、地域の大人たちとの「ナナメの関係」はこれからさらに重要性を増してくるはずです。

ＪＬ活動では、私のような指導員や育成者の大人をはじめ、現役ＪＬのお兄さん・お姉さん、さらに年長のＪＬのＯＢ・ＯＧたちと、「ナナメの関係」をいくつも築くことができます。

今どの地域も少子化、また習い事や余暇活動内容の多様化もあって、ＪＬのなり手は減少傾向です。ハッキリいって、その意志さえあればＪＬ活動に関わることに関しては、いつからであっても遅くありません。ましてや小学校の高学年であればドンピシャリです。

「中学、高校と学校であまり友人が作れなかったため、ジュニアリーダーズクラブでできた友人たちと会うのが楽しかった」

「ジュニアリーダーには学校とは違う友人関係が築けてとても楽しかったのでハマりました。また、学校や普段の生活では経験できないことも経験できたのが大きな財産だと思います」

このようなメッセージを寄せてくれたＯＢＯＧもいるのですから。

「ナナメの関係」について、読者のあなた自身がその一役を担うというのを、私はお勧めします。医療技術の発達、また健康寿命という意味では、今発表されている男女平均年齢よりもあそらくあなたはさらに長く生きることになるでしょう。１００歳時代は単にマスコミが作り上げた夢物語ではありません。一度、現実的にあなた自身と照らし合わせてリアルに考えてみませんか？　政府や企業は60～65歳の定年をさらに引き上げようとしていますが、もし仕事以外の時間の使い方を先延ばしするのであれば、ビジネスとは違う夢の持てる趣味を今から作ってほしいです。

「今まで充分に働いてきたのだから、これからは好きなことをして悠々自適に暮らそう」

その好きなことは、ゴルフでも山歩きでも良いですが、仮に同じ趣味をもつ

「同好の士」を見つけたとしても、高齢者同士で仲良くしているだけでは、自分か相手のどちらかが病気になったりする可能性もあり、いずれ人間関係は先細っていきます。

そうかと言って、自分の孫に手や目……、いやそれだけでなく、可愛さあまり親に成り代わってお金をかけすぎるのも考えものですよ！　と申し上げたいです。そこで目を向けてほしいのが、地域活動であり、地域の子どもたちです。ひとたび地域の子ども会活動などに参加してもらえれば、それだけでたくさんの子どもたちと、その親御さんと知り合いになれます。

地域の良さは、道を歩いているとふと顔を合わす、という距離感です。そこで何気ない会話をする関係ができるだけでも、子どもたちはもちろん、親御さんも楽になるときがあるでしょう。

家庭や学校での人間関係がうまくいかず、引きこもってしまう子どももいます。そうした子どもたちに、親や教師の声は届きません。しかし、関係の薄い（あえてこういう言い方をします）地域のオジサン・オバサンや、おじいちゃん・おばあちゃんのほうが、コミュニケーションをとれるチャンスがあるとも思えるのです。直接顔を合わせなくても、電話やメール、ＬＩＮＥといったツールによるコミュニケーションかもしれません。最近のおじいちゃん・おばあちゃんは、孫とやりとりするために、メールやSNSを使いこなす人も増えていますよね。

私は、強く提唱します。

「自分の孫に対して行っている対応の分を少し分散させませんか？」

「血のつながっていない自分の孫と同世代の子どもと新たに接点を持ちませんか？」

地域のおじいちゃん・おばあちゃんたちが、住んでいる街を中心とした地域の子育てに関わることによって、自分も街も、子どももある意味では子どもの親も活性化する一石二鳥ならぬ一石四鳥の作戦です。これからの地域社会と高齢化社会のロールモデルになります。

これを私は青山学院大学原監督の「ワクワク大作戦」に倣《なら》って「ワクワクたまご大作戦」と命名しています。漢字にすると**「ワクワク他孫大作戦」**です。

私の場合で言えば、住んでいる江東区のJL活動に関わる江東区民として、住民でなく区民として地域に貢献し、江東区がよりよい街になっていく。そこで関わった大人たちや子どもたちが、たとえ他の地域に引っ越したとしても、江東区での思い出を胸に次の場所で地域貢献してくれれば、その場所もよくなっていく。さらに、育成に関わったＪＬたちが成長して大人になり、そして自分の子どもをまたキャンプに連れてきてＪＬの後継にするようなことがあれば、夢は未来へとつながっていきます。現に、かつて私が関わったＪＬの息子や娘たちが、今の小学生や中学生、そして高校生としてキャンプに参加しているのです。

子どもが健全に育ち、社会が安定・向上する町づくりとは、ジュニアリーダーを増やして育てていくというサイクルを繰り返し回すことです。

『社会人基礎力』を身につけたＪＬ経験者は、社会の各分野で必要とされる人材となり活躍をしていく。活躍の場は、企業だけにとどまりません。自らの育ってきたプロセスを思い出し、地域の中でもいろいろな活躍をしてくれるでしょう。そうして地域も活性化していくのです。

自分が育ってきた町。その地域のお兄さん・お姉さん、オジサン・オバサン、おじいちゃん・おばあちゃん……と、人と人との関わりが広がっていけば、自然とその町はよくなります。何かおかしいことがあれば「どうした？」と付近の大人が誰でも子どもたちに声をかけられる。そんな環境づくりができれば、いじめや少年犯罪も減り、安心して子育てができる町になっていくでしょう。それは、学校や家庭だけではできない、地域の子育ての役割なのです。

タテの関係とヨコの関係だけで作った窓枠を想像してみてください。地震が来たらどうなるでしょうか？　クシャッとつぶれてしまいます。しかし「ナナメ」の関係が複数重なり合った、「筋交《すじか》い」のある窓枠はどうでしょうか？　タテヨコの強い力が加わっても頑丈でつぶれることはないのです。

ナナメの存在で大人たちが子どもを見守り育んでいく。その要になるのがＪＬ活動です。だからこそ、日本の未来を開くのは、地域の子育てでありＪＬ活動だと私は確信するのです。

ブンちゃんの思い出

本書の最後に、忘れられないひとりのＪＬ「ブンちゃん」の思い出を記しておきます。

ブンちゃんと初めて会ったのは、彼が小学校5年生のときでした。小太りで丸坊主のブンちゃんが那須甲子少年自然の家の宿泊研修に参加してきて、一緒に剣《けん》桂《かつら》の山登りをしました。

率直にいって、ブンちゃんはあまり運動神経がよくありませんでした。山道などでよくすべって転んで尻餅をつきます。同じ班のみんなもまたぁ～と言って笑います。その度に本人がテレ笑いするんです。ちょっとドンくさいブンちゃんは子どもらしくて何とも言えないユーモラスさがありました。

「へへへ」と頭をかくブンちゃんの姿がとっても可愛らしくて、印象に残っていました。

その翌年のお正月です。なぜかそのブンちゃんから年賀状が届いたのです。

「梶さん、今年もよろしくおねがいします」

「へえ、あのブンちゃんが、わざわざ年賀状をくれたんだ」

当時の私はスリランカから帰って間もなくで、子ども会やＪＬ活動はまだ足を踏み入れたばかりでしたが、その年賀状をきっかけに、私もブンちゃんに会えるのが楽しみになりました。そして、彼を興味深くウォッチするようになりました。

ブンちゃんは成長し、ジュニアリーダーになります。その後もずっとＪＬ活動に関わり、キャンプのプログラムやゲーム、レクなどについて、彼が後輩たちにいろいろ教えたりアドバイスしたりする立場になりました。

どんなレクゲームに対しても、それをやった後輩リーダーに対して、「ここはよかったね、あとは、あそこをこうすればもっとよくなるよ！」という形で優しくアドバイスするのです。後輩のやることをとにかく褒めてあげる、肯定してあげる。人の長所を見つけるのが上手な優しくて頼もしいリーダーになりました。後輩はもとより先輩や大人たちからも「ブンちゃん、ブンちゃん」と声をかけられる人気者でした。

「あの坊主頭の小太りでブキッチョだったブンちゃんが、いやいや立派になったなあ～」

20代半ばになったブンちゃんの成長した姿を見ていると、ＪＬ活動に携わってきて本当によかったと思えるのでした。

ある時、キャンプ場でブンちゃんが私に近寄ってきて聞きました。

「ねぇ梶さーん、梶さんは、なんでそんなに毎日ニコニコしてるんですか？」

「え？　そう？　そんなに俺ってニコニコしてる？」

「してますよぉ～！　なんでそんなに毎日ニコニコしてるのかな～って、不思議で一度聞いてみたかったんです」

ブンちゃんの突然の問いに、私は少し考えてこう答えました。

「そうかぁ。自覚症状はなかったけど俺がニコニコしてるって言うのは……、単純にさぁ、きっとみんなと一緒にいるこんな時間が楽しくて楽しくて仕方がないんだね。嬉しくなっちゃうんだね。それだけなんだよ」

私の偽らざる本音でした。ブンちゃんも納得した様子でした。

なぜあの時、ブンちゃんが突然あんなことを聞いたのか分かりませんでしたが、もしかしたら、ブンちゃんも自分の人生でハマって情熱を傾けてきたＪＬという存在が何だったのか、私を介して確かめたかったのかもしれません。

後から思うと、ブンちゃんはその時すでに体調が思わしくなかったのでしょう。私とそんな会話をして1年も経たないうちに、病気で亡くなった……との訃報《ふほう》が入りました。最後のお別れをしてからかれこれ25年になります。

ブンちゃんは私にとって「伝説のジュニアリーダー」です。そして恩人の一人です。

若くして逝《い》ったブンちゃんでしたが、私を含めて、関わった人間に多くの思い出と大切なものを与えて残してくれました。

シンガーソングライター槇原敬之さんの『僕が一番欲しかったもの』という歌

が大好きです。人間、誰しもが限りある命を生きています。いつまでかは分からないけれど、その人生の時間を何に使うかはその人の自由です。どうせ生きるのならば、自分一人の幸せだけでなく、自分を介して周りの人々にも幸せや笑顔を与えていける……そして、その周りのたくさんの笑顔こそが一番自分が探していたものだったんだなぁ……と思えるそんな人生を送りたいものです。

キャンプ活動、そしてジュニアリーダー活動は、参加した子どもたちに間違いなく「生きる力」を育むことができます。その子どもたちが青年期を経て成長し、やがて社会の各分野で能力を発揮する人材になります。同時に、子どもの成長を願う親だけでない多くの大人たちのネットワークが地縁を皮切りにどんどん広がっていきます。いわば、時間軸と空間軸の両方から、幸せと笑顔を広げていける活動なのです。

「子どもは国の宝」……日本の未来を担う子どもたちのために、ぜひ、ジュニアリーダー活動とその第一歩としての少年キャンプに目を向け、関わりを持たせてみてくださいませんか？　あなた自身を含め大人も子どもも、明るい社会、明るい世界が大きく開けること請け合いなのですから……。

「ないもののねだりをするよりも今あるものを大切に」

「ひとりで見る夢は睡眠中の夢、みんなで見る夢は実現可能な楽しい夢」

・・・・

本書の執筆にあたり、

Jディスカヴァーの城村典子さん、みらいパブリッシングの末松光城さん、安藝哲夫さん、三村真佑美さん、出版の機会をつくってくれた泉忠司さん、アンケート構築と回収に協力くださった大嶋彰さんはじめ江東区職員の古澤芳彦さん、江少連の山村会長、西部の阿部会長、アンケートに回答くださった江東JLCの皆さんに感謝を込めて敬称略で恐縮ですが、また記名不可の方は愛称で名前を記載させていただきます。

大嶋彰・熊倉玄機・木村郁子・村瀬知彦・小野塚恵・藤掛奨平・竹内奈々子・石川佳代子・山城典子・藤掛滉平・石山星怜・篠原彩乃・今井凛・依田茉莉花・ショウ・森屋紗耶・岡田美菜・高柳小雪・五十嵐誠人・ナオキ・チサト・マミ・君嶋勇児・久我布未・福原政俊・菊田勝也・船渡萌美・糸賀武史・宮尾明孝・寺田咲紀恵・松川静流・飯田春美・去渡悠希・笠木卓哉・セッチャン・吉田知余・尾形恵子・松川藍乃・成島恵子・渡邊厚子・去渡早苗・野呂敦子・ミナ・今井田

晴美・加藤奈穂子・田中真央・猪俣菜々美・高梨修児・澤邊日和・小林力・中村開・依田昌江・ハギサチ・染谷秀平・鈴木彩子・水内弘子

【参考文献】（著者名アイウエオ順）
・井上淳子著『じぃじ、ばぁばのための孫育ての教科書』（ＰＨＰ研究所）
・財団法人ボーイスカウト日本連盟著『中高生のためのジュニアリーダー活動ハンドブック』（文部科学省委託事業　青少年元気サポート事業）
・坂田和人著『キャンプに連れて行く親は、子供を伸ばす！』（扶桑社）
・清水佑三著『生き方のセンス』（ＰＨＰ研究所）
・仲本多喜子著『子ども会・少年団活動が生み出す地域コミュニティ　―そこで育まれる〝生きるための力〟―』（特定非営利活動法人　東京少年少女センター）
・野口健著『震災が起きた後で死なないために　「避難所にテント村」という選択肢』（ＰＨＰ研究所）
・博報堂ブランドデザイン著『だから最強チームは「キャンプ」を使う。』（インプレスジャパン）
・藤原和博著『つながる力　―和田中の１０００日』（文春文庫）
・正高信男著『団塊のジジババが日本をダメにする』（潮出版社）
・森川すいめい著『その島のひとたちは、ひとの話を聞かない――精神科医、「自殺希少地域」を行く』（青土社）
・和田義弥著『キャンプの基本がすべてわかる本』（枻出版社）

梶恵一

1956年生まれ、東京深川育ち。商社勤務から一転青年海外協力隊に参加、スリランカにて視聴覚教育普及活動・映像制作などに携わり 29歳で帰国。以後、江東区を拠点に野外活動を中心とした子ども会、また青少年指導員として中高生を中心とするジュニアリーダー育成の傍ら、行政主催事業などでは企業30年の人事担当経験を基にした人材育成に関する講師を務める。

現在の所属としては、江東区少年団体連絡協議会西部地区 JL 担当常任理事。自宅のある白河２丁目町会少年部役員、また母校区立元加賀小学校地域本部コーディネータとしてＰＴＡ活動や授業の支援を行っている。その他、青年海外協力隊東京 OB 会の運営役員として、国際交流や派遣前隊員への協力、また深大寺走友会一員として来春は自身５度目の東京マラソンに出場予定。地元富岡八幡宮神輿総代連合会では六和会の諸先輩方より人間力について指導いただき日々修行中…。

自らのライフプランテーマは“かじ手伝い”であり、“ワクワクたまご大作戦”推進中！


【主な資格】
・日本産業カウンセラー協会　「産業カウンセラー」2000年
・日本キャンプ協会「キャンプディレクター」1997年
・千葉労働基準局「第二種衛生管理者」1991年

【主な専門】
・グループワークトレーニング（仲間作り・協力・信頼・リーダーシップ）
・ネイチャーゲーム
・ビジネスマナー基礎・管理者研修
・青少年育成に関わる講座
・スリランカを中心とした異文化理解など

ホップ　ステップ　キャンプ

——地域で育む「生きる力」——

2018年10月1日初版第1刷

著者　梶恵一

発行人　松崎義行

発行　みらいパブリッシング
〒166-0003　東京都杉並区高円寺南4-26-5　YSビル3F
TEL　03-5913-8611　FAX　03-4243-3913

発売　星雲社
〒112-0005　東京都文京区水道1-3-30
TEL　03-3868-3275　FAX　03-3868-6588

印刷・製本　株式会社上野印刷所

ISBN978-4-434-25238-9　C0075

企画協力　Jディスカヴァー
編集協力　末松光城　三村真佑美
表紙イラスト　相澤亮一
デザイン　堀川さゆり